Troubles de voisinage

Quels sont vos droits ?

Monique Ciprut
Docteur en droit

10e édition

2009

PRAT
ÉDITIONS

Tous les codes et guides sont disponibles sur :
www.prat.fr

Prat Éditions, Service Lecteurs - 2, rue Maurice-Hartmann, BP 62, 92133 Issy-les-Moulineaux Cedex

ISBN 978-2-8095-0090-5
ISSN 1272-4955

SAS au capital de 4.099.168 euros, Issy-les-Moulineaux 2009

Président : Antoine Duarte
Directeur de publication : Antoine Duarte

Qui n'est pas un jour incommodé par un voisin et confronté à un « trouble de voisinage » ?

Vous ne voulez plus supporter les bruits de tondeuse ou de perceuse dès 7 heures du matin, les aboiements du chien de votre voisin, les odeurs du restaurant d'à côté, ou encore le mur construit à votre insu qui vous empêche de voir le jour…

Si vous êtes victime de ce type de désordre, sachez que la **loi met à votre disposition des outils pour faire cesser ces troubles et éventuellement sanctionner le voisin incivique ou l'entrepreneur indélicat**.

Cet ouvrage met à votre portée les dispositions prévues par le législateur (relatives aux « servitudes privées ou publiques » et aux « travaux et nuisances intérieures et extérieures »).

Vous y trouverez les différentes procédures et recours qui s'offrent à vous :
- toutes les solutions adaptables à votre cas, amiables ou contentieuses ;
- une sélection des textes de loi applicables accompagnés d'exemples de jurisprudence ;
- de nombreux modèles de lettres prêts à l'emploi ;
- toutes les adresses utiles pour agir.

Vous pourrez ainsi faire valoir vos droits et retrouver la sérénité !

Anne-Laure Marie
Directrice éditoriale

Table des matières

Les servitudes

Les servitudes privées

➤ Une servitude est une contrainte qui pèse sur un terrain, qu'il soit ou non bâti. Elle a pour effet de limiter le droit de propriété et de restreindre l'usage de ce terrain en donnant des droits au propriétaire d'un autre terrain.

➤ Un droit de passage est une servitude sur un terrain permettant à un propriétaire voisin d'accéder à son propre terrain.

➤ De même, l'interdiction d'ouvrir une vue sur la propriété voisine est une servitude protégeant l'intimité des occupants de ce terrain.

➤ Les servitudes applicables aux relations de voisinage sont des servitudes privées qui découlent soit de la loi elle-même, soit d'une convention entre deux propriétaires, soit encore des usages locaux.

La mitoyenneté

La mitoyenneté est un droit de propriété sur un mur, une clôture, une haie qui appartient en commun à deux voisins contigus. Elle est régie par les articles 653 à 673 du Code civil.

Organiser les relations quotidiennes entre voisins mitoyens

La qualité des relations quotidiennes entre propriétaires contigus suppose que l'entretien et l'aménagement du mur, de la clôture, ou de la haie commune aux deux fonds, se fassent dans le respect des droits du voisin. Cette réciprocité est la condition nécessaire au bon fonctionnement de la mitoyenneté.

MON CONSEIL

Avantages et inconvénients *La mitoyenneté présente un intérêt d'ordre économique. Elle évite en effet les dépenses inutiles et les pertes de terrains qui résulteraient de la construction de deux clôtures séparatives et distinctes.*
En revanche, elle est source de fréquents conflits de voisinage entre les propriétaires mitoyens tenus à des obligations réciproques méconnues ou peu respectées.

› Les deux propriétés sont séparées par un mur commun

Un mur mitoyen est celui qui a été construit par les deux propriétaires sur la ligne séparative de deux fonds (terrains) contigus.
Il n'existe pas de définition légale du mur. En pratique, il doit s'agir d'un ouvrage de maçonnerie, d'épaisseur variable, formé de matériaux superposés liés avec du mortier de chaux, de plâtre ou de ciment. Sa hauteur devra être d'au moins 1 m ; mais il convient de tenir compte des usages locaux. C'est ainsi qu'une paroi de pierres sèches (pierres superposées sans ciment) sera considérée comme un mur si les usages locaux le considèrent comme tel. De même, la hauteur du mur peut être fixée par les règlements locaux. Il faut donc se renseigner à sa mairie ou consulter les règlements de lotissement.

• Le respect des droits de l'autre

Chaque propriétaire peut utiliser le mur selon l'usage auquel il est destiné à condition de ne pas nuire aux droits de son voisin. Il ne peut par exemple faire des aménagements qui compromettraient la solidité du mur (C. cass., civ. 3e, 12.12.1973), ni ouvrir une fenêtre sur ce mur (TGI Paris, 8.7.1980).

L'adossement sur le mur de matériels lourds ou de constructions (cabane, par exemple) exige le consentement du voisin. À défaut, ce dernier pourrait demander devant les tribunaux la démolition de l'ouvrage et le versement de dommages et intérêts (art. 662, C. civ.).

À NOTER

Pour de bonnes relations de voisinage *Demandez toujours au voisin son accord écrit avant de modifier l'aspect ou l'état du mur. Présentez votre projet en détail et, le cas échéant, illustrez-le par un schéma pour lui permettre de donner un avis éclairé.*

Les travaux

Les travaux d'exhaussement

Le voisin mitoyen peut exhausser le mur commun sans avoir à justifier l'utilité des travaux (art. 658, C. civ.). Les travaux peuvent être entrepris rapidement, sans formalité préalable.

Vous n'avez pas à obtenir le consentement de votre voisin pour effectuer ce type de travaux. Vous n'avez pas non plus à prouver que l'exhaussement présente un intérêt pour votre propriété. En revanche, les travaux ne doivent pas occasionner de dommage à votre voisin.

ATTENTION ⚠

Qui paie quoi ? *Le voisin qui prend l'initiative des travaux doit assumer seul les frais d'exhaussement ainsi que les réparations d'entretien concernant la partie du mur surélevé. Il doit, en outre, rembourser au propriétaire contigu toutes les dépenses que ce dernier aurait à acquitter du fait des travaux d'exhaussement. Le fait de supporter l'intégralité des frais ne le met pas à l'abri d'une procédure pour trouble de voisinage si son voisin estime être privé d'ensoleillement en raison de la construction de ce mur.*

Cas pratique

Ma cheminée ne fonctionne plus correctement à la suite de la surélévation d'un mur par mon voisin. Puis-je lui demander de participer aux travaux nécessaires au bon fonctionnement ?

Le propriétaire voisin peut prétendre aux frais de remboursement des frais de transformation et de surélévation des cheminées placées à proximité du mur, dès lors qu'il y a relation de cause à effet entre l'exhaussement de celui-ci, et le mauvais fonctionnement des cheminées (C. cass., civ. 1re, 28.6.1967).

La construction de poutres et solives

À condition d'obtenir l'accord de son voisin, le propriétaire mitoyen peut faire placer des poutres et solives contre le mur à condition qu'elles ne dépassent pas une profondeur de 54 mm ni excèdent la moitié de l'épaisseur du mur (art. 657, C. civ.).

Cas pratique

Le propriétaire d'un pavillon avait assigné son voisin en démolition de travaux d'isolation réalisés sur un mur mitoyen au motif que les matériaux posés dépassaient la profondeur légale de 54 mm. Le tribunal a refusé de donner droit aux prétentions du demandeur en se référant à l'article 657 du Code civil (C. cass., civ. 3e, 7.10.1998).

ATTENTION ⚠

Acquisition de la mitoyenneté par prescription *Le fait qu'une construction prenne appui contre un mur constitue un acte de possession caractérisé car le propriétaire de cette construction se comporte comme si le mur était sa propriété exclusive. Le maintien de cette situation pendant 30 ans peut donner lieu à acquisition de la mitoyenneté par prescription (C. cass., civ. 3e, 8.12.1971).*

L'entretien du mur

La réparation et la reconstruction du mur mitoyen sont à la charge des deux propriétaires proportionnellement aux droits que chacun détient sur ce mur (art. 655, C. civ.).

À NOTER

Les frais d'entretien *Les dépenses d'entretien du mur sont réparties entre les deux copropriétaires. Chacun d'eux peut d'ailleurs contraindre l'autre à exécuter cette obligation (art. 663, C. civ.). Ce principe est néanmoins écarté lorsque les dégâts ont été causés par la négligence d'un seul propriétaire, par exemple en cas d'infiltration du mur (C. cass., civ. 3e, 8.10.1980).*

MON CONSEIL ✏

Ne laissez pas l'état du mur commun se dégrader *Pour éviter tout retard, faites établir plusieurs devis par différentes entreprises et comparez les prix et les prestations proposées en présence de votre voisin. Dans tous les cas, votre voisin ne peut vous imposer des conditions de réfection du mur qui ne vous conviendraient pas. Ainsi, le copropriétaire du mur mitoyen ne peut exiger que le mur soit crépi à sa convenance du côté de la propriété de son coïndivisaire (C. cass., civ. 3e, 30.6.1981).*

Tout propriétaire d'un mur mitoyen peut se dispenser de contribuer aux travaux de réparations et reconstruction qui résultent de la vétusté du mur à la condition que le mur mitoyen ne soutienne pas un bâtiment qui lui appartienne (art. 655, C. civ.). Dans cette hypothèse, le mur devient la propriété exclusive de l'autre voisin.

Cette décision peut être constatée dans un acte notarié ou sous seing privé. Dans ce dernier cas, l'abandon doit être publié au bureau des hypothèques pour être opposable aux tiers.

La faculté d'abandon de la mitoyenneté du mur de soutènement ne peut cependant pas être exercée par un propriétaire lorsqu'il retire du mur litigieux un avantage particulier (C. cass., civ. 3e, 25.9.2002).

Les travaux dans l'intérêt exclusif d'un des propriétaires

Si vous envisagez de faire des travaux sur le mur mitoyen dans votre seul intérêt, par exemple le démolir pour vous permettre de faire des travaux d'agrandissement, vous ne pourrez pas demander à votre voisin de partager les frais. Ils seront entièrement à votre charge puisqu'ils sont réalisés dans votre intérêt exclusif.

› Le mur de séparation n'est pas mitoyen

Lorsque le mur n'est pas mitoyen, le propriétaire du terrain voisin ne peut effectuer des travaux sur ce mur sans l'accord exprès du propriétaire.

Cas pratique

Un propriétaire avait comblé, à l'aide de mortier de ciment, le vide existant entre la véranda construite sur sa propriété et le mur appartenant au propriétaire du fonds voisin. Ce propriétaire avait été assigné devant les juridictions civiles pour atteintes au droit de propriété. L'arrêt de la cour d'appel avait considéré que la véranda n'exerçait aucune contrainte sur le mur appartenant au propriétaire voisin, le mur de la véranda et le potelet la soutenant n'ayant pas été scellé dans ce mur, et avait conclu que cela ne risquait pas de causer un trouble de voisinage. Cet arrêt a été cassé par les juges suprêmes. Pour ces derniers « la propriété est le droit de jouir et de disposer des choses de la manière la plus absolue » (C. cass, civ. 1re et com., 9.3.2000, JCP Éd. G., 6.2.2002, IV 1220).

› Les propriétés sont séparées par une haie ou une palissade

Entretien de la clôture

Les frais d'entretien (réfection des planches d'une palissade, remplacement des arbustes formant une haie) sont partagés entre les deux voisins, mais l'un d'eux peut se soustraire à cette obligation par un abandon de la mitoyenneté (art. 667, C. civ.).

Partage des fruits et des fleurs

Les arbres qui composent une haie mitoyenne sont par essence mitoyens. Par ailleurs, sont réputés mitoyens ceux plantés sur la limite séparative entre les deux propriétés. Lorsqu'ils meurent ou lorsqu'ils sont coupés, ces arbres sont partagés par moitié.

Les fleurs et les fruits qui ont poussé sur la haie appartiennent également pour moitié aux deux voisins mitoyens.

Chaque copropriétaire a le droit d'exiger que les arbres mitoyens soient arrachés (art. 670, C. civ.).

La meilleure solution est souvent de faire appel à un professionnel pour exécuter cette tâche.

La haie fait obstacle à la vue

Si le trouble de voisinage est démontré, le propriétaire dont la haie fait obstacle à la vue du voisin peut être contraint à l'élagage ou à l'arrachage des arbres litigieux sur les bases de l'article 672 du Code civil.

Cas pratique

Le propriétaire d'un chalet de montagne dans un lotissement surplombant un lac, estimait qu'une haie mitoyenne de sapins, jouxtant la propriété de son voisin, l'empêchait de profiter de la vue. Arguant que la hauteur des sapins était en contravention avec le cahier des charges du lotissement fixant à 2 m maximum la hauteur des plantations, il assigne en justice le propriétaire situé en contrebas mais il perd le procès. Les magistrats de la cour d'appel de Montpellier ont considéré que la situation ne constituait pas un trouble anormal du voisinage. En effet, les juges ont estimé que la perte partielle de la vue était due au relief des lieux. En conséquence, le propriétaire était censé connaître cette situation (CA Montpellier, 15.2.2001).
La Cour de cassation a confirmé cette interprétation en précisant que l'action en arrachage ou en élagage des arbres prévue à l'article 672 du Code civil n'était pas justifiée.

Reconnaître les signes de la mitoyenneté

En cas de conflit entre voisins, certains critères, titres juridiques ou situations concrètes permanentes, permettent d'apprécier s'il y a ou non mitoyenneté d'un mur, d'une clôture ou d'une haie.

› La présomption de mitoyenneté

Le mur, la clôture ou la haie séparant deux propriétés sont présumés mitoyens sauf en présence de signes extérieurs manifestes (art. 653, C. civ.). Par exemple, un mur de soutènement n'est pas un mur de clôture, et par conséquent ne peut être considéré comme un mur mitoyen (C. cass., civ. 3e, 8.6.1988).
L'article 654 du Code civil énumère un certain nombre de marques de mitoyenneté dont la liste n'est pas limitative. Pour établir la mitoyenneté, vous devez rechercher la présence de certains signes extérieurs.

- Examinez le sommet du mur : s'il présente à son sommet un plan incliné, il est censé appartenir au propriétaire du terrain vers lequel se situe l'inclinaison. Inversement, si le sommet du mur présente deux plans inclinés en direction de chacune des deux propriétés, il est réputé être mitoyen.
- Recherchez aussi la nature des espaces séparés par le mur. Le mur qui sépare deux espaces clos est présumé mitoyen.

En revanche, si un terrain entièrement clos est situé au milieu d'autres parcelles qui ne sont pas closes, le mur de clôture est présumé appartenir au propriétaire du terrain clos.
Si le mur sépare deux bâtiments, il est présumé mitoyen jusqu'à l'héberge.

Le mur séparant deux bâtiments

Le mur est présumé mitoyen si les deux bâtiments sont identiques.
Si les bâtiments sont de hauteur ou de largeur différente, le mur est présumé mitoyen jusqu'à la ligne où s'arrête le bâtiment le moins élevé ou le moins large. Dans ce cas, le haut du mur est la propriété exclusive du propriétaire du bâtiment le plus élevé.

Le mur séparant deux cours ou jardins

Le mur est présumé mitoyen. Cependant le mur qui sépare un jardin ou une cour d'un bois ou d'une terre labourable est censé appartenir au propriétaire du jardin ou de la cour.

Le mur séparant deux enclos dans les champs

Le mur est présumé mitoyen si les deux terrains sont entièrement clos.
Si un seul des deux terrains est clos, il est censé appartenir au propriétaire de ce terrain.

À NOTER

Le mur de soutènement *Le mur de soutènement n'est pas considéré comme mitoyen, car il n'a pas vocation à séparer deux fonds. Il appartient en exclusivité au propriétaire du fonds soutenu.*

La présomption légale de mitoyenneté s'apprécie à l'époque de la construction du mur et non pas de la situation actuelle. Un voisin peut toujours chercher à prouver, y compris par témoins, qu'un mur séparant deux bâtiments ne présentait pas initialement les conditions légales de la mitoyenneté.
La présomption de mitoyenneté peut, dans tous les cas, être écartée par un titre contraire établissant la propriété du mur au profit d'un des deux voisins.

› Le titre de propriété

La mitoyenneté peut être prouvée :
- Par tout acte sous seing privé signé par deux voisins qui ont prévu par convention de construire une clôture entre leurs deux propriétés et se sont engagés à participer aux frais d'édification et d'entretien. Il suffit que l'un des propriétaires soit en possession de ce document pour que la preuve soit constituée.
- Par un acte notarié (acte de partage d'acquisition ou de cession) conservé aux minutes d'un cabinet d'études notariales accompagnant l'acte de vente de la propriété.

› La prescription trentenaire

Le voisin qui invoque une prescription de 30 ans concernant l'usage d'une clôture fait preuve de la mitoyenneté (art. 2262, C. civ.). En pratique, ce voisin s'est comporté d'une manière constante comme si la clôture était mitoyenne et a accompli régulièrement les obligations qui incombent au voisin mitoyen : taille des arbustes, entretien du mur…

La prescription permet d'acquérir la mitoyenneté de la clôture lorsque le propriétaire mitoyen ne s'est pas opposé à l'utilisation du mur ou de la clôture et n'a pas participé aux frais d'entretien.

ATTENTION ⚠

Faites constater la prescription *Il est conseillé au propriétaire qui bénéficie de la prescription de la faire constater par acte notarié signé par deux témoins connaissant les lieux et l'usage qui a été fait antérieurement de la clôture mitoyenne.*

› En cas de conflit de preuves sur la mitoyenneté

En cas de conflit entre un titre et la présomption légale de mitoyenneté, c'est le titre qui l'emporte.

Il en est de même lorsqu'un titre vient contredire une marque de non-mitoyenneté.

En cas de conflit entre la prescription trentenaire et un titre plus ancien, c'est la prescription trentenaire qui l'emporte.

Le cas particulier du fossé mitoyen

› La présomption de mitoyenneté

Lorsqu'il y a rejet de terres du fossé d'un seul côté des deux fonds, il appartient au propriétaire du terrain où se trouve ce rejet (art. 666, al. 2, C. civ.). En cas de litige, le juge apprécie la valeur probante des marques de mitoyenneté.

› Le titre de propriété

En l'absence de marques de mitoyenneté, le propriétaire intéressé doit rechercher les titres de propriété (vente, donation, partage) qui peuvent le cas échéant contenir des précisions sur la propriété du fossé.

Une ancienne convention sous seing privé passée entre les anciens propriétaires des terrains peut aussi attester du caractère privatif du fossé. Dans tous les cas, le titre de propriété a une valeur probante supérieure aux marques de mitoyenneté.

› La prescription trentenaire

En l'absence d'un écrit, la propriété du fossé peut être établie par prescription trentenaire (art. 2219 et 2262, C. civ.).
Si, depuis plus de 30 ans, l'un des deux propriétaires des fonds s'est conduit comme si le fossé lui appartenait et a notamment assuré son entretien régulier, sans qu'il y ait opposition du voisin, ce fossé est censé lui appartenir.
La prescription peut servir à l'acquisition de la pleine propriété du fossé mitoyen mais aussi de sa mitoyenneté.

Acquérir le mur mitoyen

Vous devez faire une proposition d'acquisition du mur mitoyen à votre voisin en lui adressant une lettre recommandée avec avis de réception.
Cette lettre doit préciser les caractéristiques du mur et indiquer une offre de prix.
Si votre voisin accepte l'offre, elle doit être confirmée dans une convention datée et signée des deux parties. En cas de désaccord sur le prix d'acquisition, vous pouvez consulter un expert qui procédera à son évaluation. Sa décision s'imposera aux deux parties.
Si votre voisin refuse de transiger, vous ferez notifier par décision extrajudiciaire au propriétaire du mur la décision d'achat et le prix proposé. Cet acte fixera une date à comparaître devant le notaire en vue de la réalisation de l'acquisition.
Le prix d'achat doit correspondre, en principe, à la moitié de la valeur de la superficie du sol nécessaire au mur et à la moitié du coût du mur (évalué à la date d'acquisition de la mitoyenneté) et compte tenu de l'état du mur (art. 661, C. civ.).

Les fenêtres et les jours

Pour préserver l'intimité des voisins dont les propriétés sont contiguës, le Code civil a fixé des distances minimales concernant l'ouverture de fenêtres, portes-fenêtres et vasistas.

Les règles concernant les vues

Une vue est une ouverture ordinaire qui permet de voir à l'extérieur et de faire pénétrer dans le bâtiment lumière et ensoleillement. Il s'agit le plus souvent d'une fenêtre ou d'une baie vitrée dont l'orientation permet de voir chez le voisin.
La servitude de vue est une servitude continue et apparente, qui existe du fait même de la présence de l'ouverture sur une façade donnant sur la propriété d'autrui. Encore faut-il que la situation soit de nature à éveiller l'attention du propriétaire du fonds voisin et, le cas échéant, à provoquer une réaction de sa part. Lorsque le mur de la propriété voisine est aveugle, ou se trouve situé à une distance excluant tout risque d'indiscrétion ; cette situation ne fait pas l'objet d'une réglementation.
Les règles établies par le Code civil diffèrent selon qu'il s'agit de vue droite ou de vue oblique.

› Les vues droites

Une vue est dite « droite » lorsqu'elle donne directement chez le voisin sans avoir à tourner la tête de côté. Ce type d'ouverture doit être situé à une distance minimale de 1,90 m de la propriété voisine (art. 678, C. civ.). Si la limite séparative des deux propriétés est constituée par un mur mitoyen, cette distance légale est calculée en tenant compte de la moitié de la largeur du mur.
L'édification d'un bâtiment à moins de 19 dm de la ligne divisoire constitue une violation manifeste de la servitude de vue (C. cass., civ. 3e, 3.12.2003).

- Si la façade ouvre sur une terrasse : la distance se mesure à partir du parement extérieur du mur où l'ouverture a été créée.
- Si la façade ouvre sur un balcon : la distance se mesure depuis le rebord du balcon le plus proche de la limite séparative des deux propriétés (art. 679, C. civ.).
- Lorsque les deux fonds sont séparés par une cour ou un chemin, on évalue la distance légale à partir de la limite séparative des propriétés et de la cour ou du chemin.

À NOTER

Le risque d'indiscrétion *Les intervalles existant entre les barreaux d'une grille de clôture, dès lors qu'ils rendent possible la réciprocité de la vue ne constituent pas une vue droite (C. cass., civ. 3e, 17.1.1973).*
En revanche, une fenêtre donnant directement sur le toit de la maison voisine muni d'une lucarne, comporte un risque d'indiscrétion. La jurisprudence assimile ce type d'installation à une vue droite (C. cass., civ. 1re, 6.12.1965).

› Les vues obliques

La vue est dite « oblique » lorsqu'il faut tourner la tête pour voir chez le voisin. Ce type d'ouverture doit être située à 0,60 m de la propriété voisine (art. 679, C. civ.). Cette distance légale est évaluée depuis l'angle de la fenêtre le plus proche de la limite séparative des deux propriétés.
Lorsque les deux fonds sont séparés par une cour ou un chemin, on évalue la distance légale à partir de la limite séparative des propriétés et la cour ou le chemin.

ATTENTION ⚠

Avec l'accord des voisins *En présence d'un mur mitoyen, édifié à frais communs sur la limite séparative des bâtiments, l'ouverture d'une fenêtre quels que soient les matériaux utilisés, exige le consentement des deux propriétaires (art. 653, C. civ.).*

› Les sanctions

Lorsque les distances légales ne sont pas respectées, le voisin lésé est en droit de demander l'aménagement, ou le déplacement de l'ouverture, ainsi que la démolition des travaux devant le tribunal. Les juges apprécient la situation au cas par cas en faisant, le cas échéant, appel à un expert. S'ils estiment que la situation préconisée (en l'occurrence, pose d'une cloison translucide sur un balcon) n'est pas de nature à préserver l'intimité du voisin, ils peuvent demander la réalisation de nouvelles installations conformes à l'article 678 du Code civil (CA Lyon, 30.3.1988). La Cour de cassation montre régulièrement une grande fermeté à l'encontre de ceux qui se croient autorisés à mettre leur voisin devant le fait accompli en créant sur leur terrain des vues à des distances non conformes à celles prévues par le Code civil (C. cass., civ. 3e, 3.10.2000).

Les règles concernant les jours

Les jours sont des ouvertures grillagées et fermées par un verre fixe dit « dormant » qui laissent passer la lumière mais ne permettent pas d'aérer la pièce ou de regarder chez le voisin. Le verre ou les matériaux utilisés pour cette ouverture doivent être opaques.

› La définition légale

Le propriétaire d'un mur situé à proximité de la propriété voisine peut ouvrir dans ce mur des jours à fer émaillé et verre dormant. Les fenêtres doivent être garnies d'un treillis de fer dont les mailles ont 1 cm d'ouverture au plus et d'un châssis à verre dormant (art. 676 et 677, C. civ.).

• Si la pièce que l'on veut éclairer est située au rez-de-chaussée, ces fenêtres ne peuvent être percées qu'à 2,60 m minimum au-dessus du sol.

• Si la pièce est située en étage, l'ouverture doit être établie à 1,90 m minimum au-dessus du plancher.

› Les exigences techniques

Les tribunaux autorisent en pratique l'ouverture de jours dans un mur en présence d'un certain nombre de critères :

- le jour peut être ouvert sur tout mur d'habitation à condition de respecter les distances légales ;
- le jour peut être percé sur un mur séparatif entre deux propriétés à condition que la clôture soit privative ;
- le jour doit être translucide et non pas transparent, ce qui préserve l'intimité du voisin. Ainsi une ouverture équipée d'un châssis fixe portant sur un double vitrage translucide mais non transparent qui ne permet de distinguer que les objets situés à moins de 30 cm peut être autorisée par le tribunal (C. cass., civ. 3e, 24.9.2002) ;
- le jour doit être monté sur un châssis dormant, ce qui ne permet pas son ouverture ;
- si le jour éclaire un escalier, la hauteur légale est évaluée à partir des marches à la verticale desquelles il est situé.

› Distinguer les vues et les jours

En cas de litige, les tribunaux disposent d'une grande marge d'appréciation pour déterminer si l'ouverture est un jour ou une vue. Les matériaux utilisés et la possibilité de voir chez le voisin sont les critères généralement retenus.

● Les matériaux

La jurisprudence procède à l'examen des matériaux utilisés pour l'ouverture.

Les jours de souffrance doivent notamment présenter un verre dormant, c'est-à-dire un verre composé d'un châssis fixe qui ne peut pas s'ouvrir. Le verre, par ailleurs, peut laisser passer la lumière mais ne doit pas permettre le regard. L'ouverture peut être faite de briques de verre ou de carreaux de verre translucides mais non transparents.

Si le jour se situe dans le toit (Velux notamment) ou en sous-sol, ce qui empêche le regard sur le fonds voisin, il peut être constitué de verre ordinaire.

Peu importe en revanche la dimension de l'ouverture : les jours éclairant parfois les garages peuvent s'étendre sur toute la longueur d'un mur situé en limite séparative.

● Le regard chez le voisin

Les juges, en se déplaçant le cas échéant sur les lieux, examinent si l'ouverture permet de voir chez le voisin.

• Une porte coulissante dont par définition l'ouverture est possible et qui permet de voir chez le voisin est considérée comme une vue (CA Orléans, 28.11.1989).
• Une ouverture à partir de laquelle le regard est uniquement orienté vers le ciel ou le sommet des arbres, ne présente pas de risque d'indiscrétion. Elle est donc assimilée à un jour (C. cass., civ. 3e, 25.10.1972).

À NOTER

Pour de bonnes relations de voisinage *Avant de faire percer une ouverture sur votre façade, mieux vaut veiller à accomplir plusieurs formalités :*
- renseignez-vous à la mairie pour savoir si un usage local s'applique à l'ouverture de jours et de vues ;
- faites venir sur place un technicien (architecte, ingénieur...) qui pourra vous conseiller utilement sur les aspects pratiques des travaux ;
- présentez le projet à votre voisin et indiquez-lui que vous avez pris les dispositions réglementaires pour prévenir les indiscrétions.
En cas de plainte du voisin sur une ouverture déjà existante, n'hésitez pas non plus à faire venir un technicien pour apprécier sur place la situation et, le cas échéant, procéder à la mesure des distances légales. Si l'ouverture n'est pas conforme à la loi, de simples travaux d'aménagement (pose d'un verre opaque, par exemple) sont parfois suffisants à rétablir le dialogue.

La privation de soleil

Il est parfois difficile de concilier le droit de construire avec le droit d'ensoleillement du propriétaire voisin. L'appréciation du préjudice subi se fait au cas par cas.

› Quand y a-t-il privation d'ensoleillement ?

L'ensoleillement participe à la qualité de l'environnement et sa privation peut être ressentie comme un préjudice réel.
Pourtant, la loi ne définit pas le trouble d'ensoleillement et la jurisprudence n'admet qu'exceptionnellement cet inconvénient de voisinage. Elle a toutefois reconnu qu'un propriétaire subissait un préjudice du fait de la construction par son voisin d'une clôture opaque le privant de soleil et a accordé au propriétaire victime de ce trouble des dommages et intérêts (CA Rouen, 26.3.1986). De même les tribunaux ont considéré que le voisin d'un hôtel dont l'extension avait entraîné une diminution d'ensoleillement de son terrain a obtenu le versement d'une indemnité (C. cass., civ. 2e, 8.6.1983). La privation d'ensoleillement et le trouble esthétique a également été reconnu dans une affaire de construction d'un bâtiment à la limite séparative de deux propriétés. Le propriétaire d'un terrain fait construire un garage de 8 m de hauteur après l'obtention d'un permis de construire. Le voisin estimant subir un préjudice de vue et d'ensoleillement saisit les tribunaux qui, après expertise, reconnaissent que la pesanteur esthétique du bâtiment entraîne une baisse importante de la valeur vénale de la propriété voisin et condamne le propriétaire du garage a indemnisé à hauteur de 50 000 F (7 622,45 €) son voisin et ce même en l'absence de faute au regard des règles de l'urbanisme (CA Riom, 21.10.1999).

› La preuve du trouble de voisinage

Le voisin gêné par la privation de lumière et de soleil a intérêt à démontrer que cette situation résulte d'une négligence commise par l'autre partie : non-respect des distances prévues pour l'ouverture de jours et de vues ou inobservation d'une règle d'urbanisme local. En cas d'action en justice, le juge saisi de l'affaire pourra apprécier la perte d'ensoleillement par rapport à la réglementation sur l'ensemble des servitudes grevant les deux terrains.

Cas pratiques

Perte d'ensoleillement

- Une nouvelle construction située à proximité de la propriété du plaignant ne respectait pas la distance minimale de recul de 13,5 m imposée par une règle locale d'urbanisme par rapport à la limite séparative des deux fonds. De nombreuses pièces de la maison voisine avaient été plongées dans l'ombre. Par ailleurs, le permis de construire accordé pour cette construction avait été annulé pour illégalité. Les juges ont ordonné la démolition de la construction et ont condamné son propriétaire à indemniser le voisin pour perte d'ensoleillement (TI Cannes, 15.1.1998). Dans cette décision, plusieurs irrégularités ont été constatées et le trouble d'ensoleillement n'était que la conséquence de situations litigieuses préalables.
- Dans une affaire ou deux voisins se querellaient à propos de la hauteur des arbres et de la perte d'ensoleillement en découlant, la cour d'appel de Grenoble a considéré que l'action fondée sur la notion de troubles de voisinage était recevable. Elle n'a pas retenu l'argumentation développée par le propriétaire sur le terrain duquel les arbres étaient plantés et qui faisait valoir d'une part la prescription (la hauteur des arbres existait depuis plus de 30 ans) et la distance légale de plantation qui était respectée (CA Grenoble, 22.5.2000). Attention, cette décision est pour l'instant isolée, et on ne peut en tirer des conclusions générales.
- Dans le même ordre d'idée, la cour d'appel de Chambéry a jugé que dans une zone d'habitation, y compris en montagne, les résineux qui constituent tout particulièrement un obstacle à la lumière, ne peuvent être laissés sans entretien au point d'arriver à constituer un mur. Une rangée de 14 résineux en bordure du terrain voisin atteignait une hauteur comprise entre 15 et 18 m, et constituait un véritable mur qui interdisait la vue sur le panorama et réduisait sensiblement l'ensoleillement de l'appartement du voisin. Les juges ont considéré que la présence de ces arbres constituait un trouble anormal de voisinage et ont condamné le propriétaire à les étêter à une hauteur de 7 m et à verser 1 000 € de dommages et intérêts à la victime du trouble de voisinage (CA Chambéry, civ. 2ᵉ, 11.9.2007).
- De même, la construction d'un immeuble à moins de 3 m de la parcelle voisine, en violation des dispositions de l'article R. 111-19 du Code de l'urbanisme, entraîne un trouble de voisinage. La perte d'ensoleillement consécutive à une telle construction peut donner lieu à réparation. Le plaignant doit cependant apporter la preuve d'une gêne anormale (CA Lyon, 28.11.2002).

Les servitudes concernant les eaux

L'écoulement des eaux et leur utilisation constituent des servitudes dérivées de la situation naturelle des lieux.
Les eaux de source ou de pluie ainsi que celles qui résultent de la fonte des neiges, des débordements des étangs et marais ou encore d'infiltration, coulent naturellement vers le bas de la pente, c'est-à-dire du terrain le plus élevé vers le terrain situé en contrebas. Cette situation entraîne des droits et obligations complexes pour les propriétaires des deux fonds et les litiges sont fréquents surtout dans les régions où l'eau est une denrée rare.

L'écoulement des eaux de pluie et eaux de source

La réglementation sur l'écoulement des eaux résulte de l'article 640 du Code civil qui énonce : « *Les fonds inférieurs sont assujettis envers ceux qui sont plus élevés, à recevoir les eaux qui en découlent naturellement sans que la main de l'homme y ait contribué.* »
Cette disposition s'applique à tous les terrains même à ceux dépendant du domaine public.

› Les obligations du propriétaire du terrain inférieur

Le propriétaire du terrain situé en contrebas est tenu de recevoir sur sa propriété les eaux qui proviennent naturellement du terrain le plus élevé à condition que l'écoulement provienne naturellement de la configuration des lieux.

> À NOTER
> **La propriété de l'eau de pluie** *Les eaux pluviales appartiennent au propriétaire du fonds qui les reçoit. Il peut donc les laisser couler à sa guise ou les utiliser pour son usage personnel dans la limite de la réglementation applicable à la récupération de l'eau de pluie.*

La servitude d'écoulement naturel des eaux impose souvent une lourde contrainte au détenteur du terrain grevé.
Le propriétaire du fonds inférieur ne peut faire obstacle à l'écoulement naturel des eaux en édifiant par exemple un mur ou une digue sur son terrain.
Il ne doit pas non plus réaliser des travaux susceptibles d'entraîner une stagnation ou un reflux de l'eau vers la propriété voisine. Il peut néanmoins faire sur sa propriété des aménagements qui diminueraient les inconvénients résultant du

passage des eaux. De même, il a le droit de clore sa propriété à condition que la clôture soit munie d'une ouverture permettant l'écoulement de l'eau.
La servitude d'écoulement des eaux qui résulte de la configuration du terrain, ne donne lieu à aucune indemnité au profit du propriétaire du terrain inférieur. Celui-ci ne peut donc invoquer les désagréments causés par le ruissellement des eaux pour prétendre à des dommages et intérêts. Cependant une action en dédommagement est envisageable lorsqu'une masse d'eau provoque des dégâts conséquents dans sa propriété (C. cass., civ. 1re, 22.7.1954).

› Les obligations du propriétaire du terrain le plus élevé

Le propriétaire du terrain supérieur ne peut pas entreprendre des travaux qui modifieraient le volume ou l'orientation de l'écoulement des eaux ni aggraver les inconvénients subis par son voisin du dessous par exemple en polluant l'eau.

Cas pratique

Les juges qui ont constaté que des travaux de remblai provoquaient une inondation du fonds inférieur et aggravait ainsi les inconvénients de la servitude qui pesait sur son propriétaire ont ordonné au propriétaire du terrain le plus élevé de cesser le déversement des eaux sur la propriété de son voisin (C. cass., civ. 2e, 6.5.1976).
L'article 640 du Code civil oblige les propriétaires du fonds inférieur à recevoir les eaux qui découlent naturellement des fonds supérieurs sans pouvoir élever de digues empêchant cet écoulement. Les propriétaires du fonds inférieur ne peuvent invoquer un trouble anormal de voisinage lorsque la pénétration d'eau dans leur habitation n'a pas été provoquée par des travaux réalisés par la main de l'homme (C. cass., civ. 3e, 2.2.2000, Bull. civ. III n° 25).

La responsabilité du propriétaire négligent peut être engagée en cas de préjudice affectant la propriété voisine.
Le propriétaire du fonds supérieur n'est cependant pas responsable des conséquences d'un orage qui provoquerait une inondation sur le fonds inférieur.

À NOTER

Écoulement anormal des eaux pluviales *Si vous êtes propriétaire d'un terrain situé en contrebas de la pente, contactez votre voisin dès que vous constatez un écoulement anormal des eaux pluviales. Sauf s'il y a eu un orage ou des intempéries exceptionnelles, il est responsable des troubles qui excèdent les inconvénients habituels de la servitude d'écoulement des eaux. Il faut tenter de concilier vos intérêts réciproques avec le respect dû à la propriété.*
Il existe dans certaines communes des règlements administratifs fixant les modalités de l'utilisation de l'eau. N'hésitez pas à consulter la préfecture ou la mairie sur le régime applicable.

Les eaux de source

Les eaux de source sont soumises au même régime que les eaux pluviales.

› La propriété de la source

La source appartient au propriétaire du terrain sur lequel elle est située (art. 642, C. civ.).

Le propriétaire du terrain où jaillit la source est libre d'en disposer. Il peut l'utiliser, la céder à un tiers ou même la laisser se tarir. Cet usage ne doit pas toutefois avoir pour objectif ni de nuire au voisin en contrebas, ni d'aggraver la situation du fonds inférieur si ce terrain comporte des habitations, cours et jardins.

Les droits du propriétaire du terrain sont limités dans deux situations :

- la source alimente en eau les habitants d'un village d'une commune ou d'un hameau voisin et il n'existe pas d'autre point d'eau à proximité. Le propriétaire du terrain ne peut, dans ce cas, empêcher l'accès à la source. Cette facilité est accordée pour les usages domestiques et l'abreuvement du bétail mais elle ne s'applique pas aux usages agricoles. Par ailleurs, les habitants de maisons isolées, qui n'habitent pas un village, groupés en agglomération, ne peuvent pas la revendiquer ;
- le voisin du dessous a réalisé depuis plus de 30 ans, sur le terrain où jaillit la source, des travaux apparents et permanents destinés à faciliter le passage de l'eau dans sa propriété.

› La protection de la source

• L'interdiction de polluer la source

Le propriétaire d'une source ne peut polluer l'eau de source ni la renvoyer impropre au propriétaire du terrain situé en dessous du sien.

• L'interdiction de détourner les eaux de source

Si la source forme, dès sa sortie, un cours d'eau d'un débit important lui conférant le caractère d'eau publique et courante, le propriétaire du terrain ne peut en détourner le cours au préjudice des occupants des terrains inférieurs (art. 643, C. civ.).

› L'irrigation d'un terrain

Un propriétaire est autorisé à poser des canalisations souterraines sous la propriété de son voisin pour irriguer son terrain (art. L. 152-14, C. rural). Cette servitude d'aqueduc est soumise à un certain nombre de conditions :

- les canalisations doivent être suffisamment profondes pour ne pas dévaloriser le terrain du voisin ;
- le propriétaire du fonds traversé peut demander une indemnité pour autoriser l'installation des canalisations.

Les maisons, cours et jardins ne sont pas soumis à cette servitude.

À NOTER

La servitude d'aqueduc *En vertu de l'article L. 152-15 du Code rural, les propriétaires des fonds inférieurs doivent laisser passer sur leur terrain les eaux usées en canalisation souterraine. Cette servitude dite d'aqueduc peut être continue ou discontinue. Dans ce dernier cas, elle ne peut s'établir que par un titre recognitif émanant du propriétaire du fonds asservi. La simple acceptation de ce propriétaire ne peut remplacer un acte écrit (C. cass., civ. 3e, 7.4.2004).*

Les gouttières et les toitures

Les eaux pluviales qui s'écoulent sur les gouttières et les toitures ne doivent pas être rejetées sur la propriété du voisin, ce qui aggraverait les inconvénients de la servitude d'écoulement des eaux qu'il supporte.
En pratique, ces eaux doivent être déversées sur son propre terrain ou sur la voie publique.

› L'écoulement de l'eau

L'écoulement sur son propre terrain

Les gouttières et toitures d'un bâtiment doivent être orientées en vue de permettre l'écoulement des eaux sur son propre terrain et non pas sur le fonds du voisin (art. 681, C. civ.).

MON CONSEIL

Respectez la réglementation *Si vous construisez vous-même, contactez un technicien du bâtiment pour vous faire conseiller utilement.*
Envisagez d'installer un récupérateur d'eaux pluviales. L'eau de pluie peut actuellement être utilisée sans restriction pour un usage externe à l'habitation (arrosage de jardin, nettoyage de voiture...) et à usage interne mais uniquement pour le lavage des sols, les toilettes et le lave-linge sous certaines conditions. Vous bénéficiez pour la mise en place d'une telle installation d'un crédit d'impôt égal à 25 % du montant de votre dépense (dans la limite de 8 000 € pour une personne seule, 16 000 € pour un couple, majoré de 400 € par personne à charge), l'installation doit répondre à certaines conditions. Les équipements concernés sont ceux permettant la récupération des eaux de pluie collectées à l'aval des toitures inaccessibles (et non pour une terrasse ou un balcon).
Le dispositif doit être fourni et installé par un professionnel (avec facture détaillée). Les dépenses prises en compte sont celles supportées entre le 1er janvier 2007 et le 31 décembre 2009 mais ne concernent que les équipements et non la main-d'œuvre.

L'écoulement de l'eau sur la voie publique

Nul ne peut sans autorisation faire aucun ouvrage sur les voies communales ou à proximité de ces voies, notamment y rejeter l'égout des toits ou les eaux ménagères.

Les arrêtés préfectoraux autorisent généralement le propriétaire du fonds à déverser les eaux provenant de la toiture dans les caniveaux et fossés soit par l'intermédiaire d'une gargouille lorsqu'il existe un trottoir, soit par un caniveau pavé ou en béton.

Le propriétaire qui respecte ces modalités n'encourt aucune responsabilité en cas de dommage causé à un autre voisin. Il doit cependant, par des moyens techniques appropriés, veiller à ce que l'écoulement sur la voie publique ne dégrade pas le mur contigu du voisin.

MON CONSEIL

La mairie de votre commune *Renseignez-vous à la mairie de votre commune pour vous conformer à la réglementation locale. Le maire peut, le cas échéant, vous délivrer une autorisation qui précise les conditions d'exercice du déversement des eaux.*

Cas pratique

Mon voisin a volontairement obstrué les fossés où se déversait l'eau du toit provenant de ma propriété. Quels sont mes droits ?

Lorsqu'un règlement local a autorisé le propriétaire d'un fonds à déverser les eaux provenant du toit dans un fossé, le voisin qui fait obstacle à l'écoulement des eaux pluviales peut être condamné à réparer le dommage causé par cette obstruction volontaire qui a manifestement pour but de nuire au propriétaire qui habite de l'autre côté de la limite séparative (TI Cholet, 20.3.1957).

Le propriétaire d'un terrain doit veiller à :
- construire suffisamment en retrait de la ligne séparative ;
- recueillir les eaux de pluie et les utiliser dans la limite de la réglementation applicable ;
- assurer l'écoulement de l'eau dans les canalisations et égouts publics.

Il est prudent de prendre conseil auprès d'un technicien du bâtiment avant de construire.

En cas de litige avec le voisin après la construction, l'intervention de ce spécialiste sera utile pour revoir l'aménagement des toitures.

› L'écoulement de la neige

Les règlements locaux

Les règlements municipaux fixent les modalités applicables au déblaiement et à l'aménagement des pentes et toits afin d'atténuer les effets de la chute des neiges.

La responsabilité en cas de dommage résultant de la chute de neige

Le propriétaire d'une maison individuelle peut être tenu pour responsable des accidents qui résultent de la neige tombée du toit et qui recouvre totalement ou partiellement le trottoir. Cette responsabilité n'est cependant pas systématique notamment en cas de neige abondante ou de réchauffement rapide de la température (C. cass., civ. 1re, 27.10.1976).

Les rivières et les fleuves

Les cours d'eau, comme les rivières et les fleuves qui n'appartiennent pas à l'État, sont censés être la propriété des riverains (art. L. 215-2, C. env.).

› La propriété du lit de la rivière

Si les deux berges du cours d'eau appartiennent à un seul riverain, celui-ci est propriétaire de la totalité du lit du cours d'eau.
Si les deux berges appartiennent à deux riverains distincts, chacun d'eux détient pour moitié la propriété du lit selon une ligne artificiellement fixée au milieu du cours d'eau.

› Les produits de la rivière

Chaque riverain est autorisé à prendre possession et à utiliser les produits naturels issus de la rivière dans la partie du lit dont il est propriétaire (art. L. 215-2, C. env.). Il doit veiller cependant à ne pas modifier le cours de la rivière, ce qui pourrait porter atteinte aux droits d'un voisin.

› L'accès aux rivières

Les riverains conservent la propriété des berges et des alluvions mais l'exercice de leur droit de propriété est limité par la présence de plusieurs servitudes.

La servitude de halage

Elle impose aux riverains des cours d'eau navigable, de laisser une bande de terre de 7,80 m le long du cours d'eau. En outre, une bande de terre de 9,75 m doit rester accessible du côté de la rive ou se pratique le halage (art. L. 2131-2 et s., C. général de la propriété des personnes publiques).

La servitude de marchepied

Elle impose de laisser libre au passage une bande de 3,25 m sur la rive opposée au chemin de halage. Cette servitude doit être respectée même s'il n'y a pas de navigation sur le cours d'eau (art. L. 2131-2 et s., C. général de la propriété des personnes publiques).

› L'irrigation

Les riverains peuvent utiliser les cours d'eau pour irriguer leur propriété (art. 644, C. civ.). Si nécessaire, ils peuvent faire passer sur les fonds voisins des canalisations souterraines. Ils doivent veiller à ce que l'installation de canalisations entraîne le moins d'inconvénients possibles aux propriétaires des fonds traversés. Ces derniers ont droit à une indemnité proportionnelle au préjudice subi. Toutefois, les propriétaires d'un fonds situé en amont ou en aval du terrain qui est exposé à un risque d'inondation provenant d'un canal d'irrigation peuvent demander la suppression de cet ouvrage pour faire cesser la menace qui pèse sur leur bien. Ainsi les propriétaires d'un fonds ont eu gain de cause concernant un ouvrage édifié sur un canal d'irrigation (appelé « agouille » en pays catalan). La cour d'appel de Montpellier a considéré que le terme « *propriété voisine* » employé par l'article 105 du Code rural n'est nullement restrictif et « *ne permet pas de dire que ce texte a été édicté au seul profit de ceux dont le fonds se situe en aval ; en présence d'un obstacle apporté au cours normal de l'eau, ceux dont le fonds se situe en amont peuvent également en demander la suppression dès lors qu'ils sont susceptibles d'en subir eux-mêmes les effets* » (CA Montpellier, 1re ch., 21.12.2000, Époux Tadin c/ Époux Nigoul, JCP, Éd. G., 6.2.2002, IV 1259).

MON CONSEIL

N'hésitez pas à consulter un géomètre-expert et un technicien

Si vous souhaitez faire passer des canalisations sous la propriété voisine, contactez un géomètre-expert afin de faire établir un plan précis des lieux. Demandez aussi le conseil d'un technicien en vue de prévoir des moyens appropriés pour installer les canalisations. Présentez le projet à votre voisin et prenez en compte ses objections éventuelles. Veillez à ce que les travaux d'installation n'endommagent pas sa propriété.

En cas de litige, il appartient aux juges de fonds de rechercher si les riverains situés en amont n'ont pas abusé de leur droit d'irrigation.

Cas pratiques

La propriété des îles et des îlots

- Si le cours d'eau est privé, les îles et îlots formés des deux côtés de la limite artificielle tracée au milieu du lit appartiennent par moitié aux propriétaires des deux rives.
- Si une rivière ou un fleuve constitue un bras nouveau et coupe la propriété d'un riverain et forme ainsi une île, ce riverain détient la propriété de la totalité du fonds, y compris la superficie de l'île (art. 562, C. civ.).
- Si l'île est formée sur une rivière domaniale : les îles et îlots formés dans le lit d'un fleuve ou d'une rivière navigable appartenant à l'État sont la propriété de l'État sauf s'il y a prescription contraire (art. 560, C. civ.).

Un droit de passage provisoire chez le voisin : la servitude de tour d'échelle

Pour faire des travaux indispensables sur un mur qui n'est accessible que par le terrain du voisin, un droit de passage peut être accordé au propriétaire du mur. Cet accès constitue ce qu'on appelle la servitude de la tour d'échelle. À l'origine, en effet, il s'agissait simplement d'adosser une échelle sur le sol du voisin afin de permettre la réalisation des réparations. Cette faculté n'est pas réglementée par le Code civil mais elle résulte d'usages locaux encore très vivaces, par exemple en Normandie. La jurisprudence confirme régulièrement son utilité.

Les conditions nécessaires à la tour d'échelle

› La nature des travaux

• La nécessité des travaux

Les travaux envisagés concernent le plus souvent l'entretien, la réparation d'un mur ou du versant du toit placé en bordure de la propriété voisine. Ces travaux doivent être indispensables et non pas seulement utiles. Leur défaut pourrait entraîner la dégradation du mur ou du toit.

• La situation du bâtiment à réparer

La partie du bâtiment à réparer n'est pas accessible de votre propriété. L'entreprise chargée de la réparation doit obligatoirement passer chez le voisin pour réaliser les travaux.

• Le trouble causé au voisin

Les travaux occasionnent pour le voisin un inconvénient de voisinage qui n'est pas disproportionné par rapport à leur utilité.

• La durée de la servitude

La durée du droit de passage doit être limitée au laps de temps nécessaire pour exécuter les travaux. Elle peut varier de quelques jours à plusieurs semaines.

› L'indemnisation du voisin

Le voisin qui accorde le droit de passage peut demander une indemnité pour les désagréments subis (pose de matériels, dégâts sur son terrain).
Le montant de cette indemnisation peut être fixé par accord amiable ou par décision de justice.

Organiser le droit de passage

› Privilégier l'accord amiable

Fixer avec le voisin les modalités d'exercice du droit de passage est la meilleure solution.
• Faites établir un devis par une ou plusieurs entreprises.
• Prévenez le voisin des désagréments qui peuvent résulter des travaux.
• Signez avec lui un accord écrit pour éviter les contestations ultérieures, et précisez dans ce document :
- les horaires durant lesquels l'entreprise sera présente sur les lieux ;
- la superficie du terrain nécessaire à la réalisation des travaux ;
- les dispositions prises par l'entreprise pour éviter les détériorations ;
- le montant de l'indemnité d'occupation versée au voisin.

› Demander une autorisation en justice

Lorsque le voisin refuse tout accord amiable et ne répond pas aux demandes d'autorisation qui lui sont adressées par lettre recommandée avec avis de réception, une action en justice peut être envisagée. L'action doit être portée devant le tribunal de grande instance du lieu de situation du bâtiment. En cas d'urgence (toiture à réparer en hiver), une action en référé permet d'accélérer la procédure.
Le refus du voisin d'accorder le droit de passage peut être considéré comme abusif notamment lorsque le propriétaire du mur à réparer s'était engagé par écrit à la remise en état des lieux après les travaux (CA Versailles, 28.4.1986).
L'abus de droit est manifeste lorsque le voisin refuse sans motif le passage d'une entreprise de maçonnerie pour effectuer des travaux urgents (CA Paris, 12.4.2002).

Cas pratiques

Les tribunaux reconnaissent régulièrement la nécessité de passer chez le voisin en raison des problèmes pratiques posés par l'implantation de constructions à proximité de la ligne séparative de deux propriétés.
Par exemple, il a été jugé que :
– la servitude de tour d'échelle profite aux bâtiments déjà construits qu'il convient de maintenir en bon état de conservation (TGI Beauvais, 2.3.1983) ;

– le propriétaire du terrain qui accorde la servitude de passage ne peut couvrir le bâtiment qui lui appartient d'un toit en plastique translucide car ce revêtement interdit au bénéficiaire de la servitude de passage, l'accès permanent à la toiture de cet immeuble et la possibilité d'y effectuer des travaux (C. cass., civ. 3e, 7.3.1978).

Accéder à un terrain enclavé

Le propriétaire dont le fonds est enclavé peut demander un droit de passage provisoire ou permanent sur les propriétés voisines. Les conditions d'exercice de ce droit sont fixées par le Code civil.

La légalité du libre accès

› La définition du Code civil

L'article 682 du Code civil énonce : « *Le propriétaire dont les fonds sont enclavés et qui n'a sur la voie publique aucune issue ou qu'une issue insuffisante, soit pour l'exploitation agricole, industrielle ou commerciale de sa propriété, soit pour la réalisation d'opérations de construction ou de lotissement, est fondé à réclamer sur le fonds de ses voisins un passage suffisant pour assurer la desserte complète de ses fonds, à la charge d'une indemnité proportionnelle au dommage qu'il peut occasionner.* »

› La configuration du terrain

L'enclavement de la propriété est constaté dans plusieurs cas de figure :
- la propriété est entièrement entourée de parcelles appartenant à d'autres propriétaires et elle ne possède aucun accès sur la voie publique ;
- la propriété longe la voie publique mais une trop forte dénivellation la sépare de cette issue qui est en pratique inaccessible ;
- il existe un fossé ou une rivière infranchissable entre le terrain enclavé et la voie publique ;
- il existe un accès à la voie publique mais celui-ci est insuffisant à l'exercice de l'activité du propriétaire du fonds (par exemple, il ne peut pas faire passer des tracteurs nécessaires à son activité agricole) ;
- l'enclavement résulte de la division d'une propriété.

ATTENTION ⚠

Droit de passage au cas par cas *Les besoins du propriétaire du terrain enclavé sont appréciés au cas par cas par les tribunaux. Un terrain qui comporte des bâtiments à usage d'habitation exige, par exemple, un accès direct et rapide sur la voie publique, alors qu'un terrain marécageux non constructible n'a pas les mêmes exigences (CA Colmar, 23.10.1995).*

Si l'enclavement du terrain résulte de la division d'une propriété à la suite d'une vente, d'un échange ou d'un partage, le droit de passage ne peut être demandé chez le voisin mais sur l'un des terrains qui a fait l'objet de la division. Ainsi, si le terrain transmis en héritage se trouve enclavé alors qu'une parcelle donnée à un autre membre de la famille disposait d'un passage sur la voie publique, le passage sera ouvert sur cette parcelle et non pas sur la propriété voisine. Toutefois si le seul accès à la voie publique passe chez le voisin, vous êtes en droit, conformément aux articles 682 à 685 du Code civil, de demander à ce dernier l'ouverture d'un passage pour accéder à la voie publique.

› L'appréciation de l'état d'enclave

• La notion de voie publique

Il s'agit d'un terrain, d'un chemin ou d'une voie d'eau sur lequel le public est admis à aller et venir librement. Un chemin de halage destiné à la navigation ou tout autre terrain non affecté à l'usage général ne remplit pas cette condition.

• L'absence d'accès

L'accès à la voie publique doit être impossible ou sa desserte exige des travaux dont le coût est disproportionné par rapport à la valeur de la parcelle enclavée. Les tribunaux apprécient ce critère en fonction de la configuration des lieux. Un terrain ayant une façade de 18,50 m sur la rue n'est pas considéré comme enclavé (C. cass., civ. 3e, 8.6.1988).
Si l'accès à la voie publique existe mais est incommode, ces inconvénients ne permettent pas de demander le droit de passage.
Une parcelle qui dispose en sa partie nord d'un accès suffisant sur la voie publique mais qui n'a pas d'accès au sud est considérée comme enclavée même si le passage demandé fait l'objet d'une utilisation occasionnelle (C. cass., civ. 3e, 10.4.2002).

ATTENTION ⚠

Pas de droit de passage en cas d'enclavement volontaire *Le propriétaire d'une parcelle qui effectue des travaux supprimant l'accès à la voie publique, ne peut prétendre que son terrain est enclavé pour bénéficier d'un droit de passage chez le voisin.*

Le désenclavement du terrain

› L'aménagement du passage

Le passage doit être tracé sur le trajet le plus court entre le terrain enclavé et la voie publique (art. 683, C. civ.) et causer le moins d'inconvénient possible au voisin. Mieux vaut donc privilégier l'ouverture d'un accès en bordure de parcelles.

À NOTER

Le choix du tracé *Lorsque l'ouverture de la voie entraîne la destruction de bâtiments ou l'arrachage d'arbres ou de plantations, un autre tracé peut être envisagé même s'il traverse une troisième propriété.*

› Les formalités nécessaires

Privilégier l'accord amiable

Fixer à l'amiable avec le voisin les conditions d'exercice du droit de passage est une solution de nature à préserver les bonnes relations de voisinage.
L'accord peut être réalisé dans un document signé des deux parties en la forme sous seing privé. Les voisins définissent dans cet accord le tracé du passage, les conditions de son entretien et le montant de l'indemnité à verser au propriétaire qui supporte la servitude.
L'accord notarié apporte une plus grande sécurité juridique aux propriétaires des deux fonds et il est opposable au tiers, et notamment aux éventuels acquéreurs de l'un ou l'autre des terrains. Afin d'éviter les contestations ultérieures, la convention doit préciser les conditions d'exercice du droit de passage : horaires probables de l'utilisation du passage, personnes habilitées à l'utiliser, catégories de véhicules autorisées…

Agir en justice

Si le voisin refuse le passage ou en conteste le tracé, il est possible d'envisager une action en justice devant le tribunal de grande instance. Le juge fixera le passage en fonction des exigences légales et des intérêts des deux parties.

ATTENTION ⚠

La demande doit être faite par le propriétaire *Le droit d'accès peut être demandé par le propriétaire du terrain enclavé, les usufruitiers, les bénéficiaires d'un droit d'usage et d'habitation ainsi que par chaque indivisaire si le terrain est en indivision.*
En revanche, les locataires et les fermiers ne sont pas habilités à demander le droit d'accès au propriétaire du fonds voisin.

La modification du passage

Lorsque la superficie du passage devient insuffisante à la libre circulation des personnes ou des véhicules, compte tenu des nouveaux besoins du propriétaire enclavé, ce dernier peut demander un élargissement de la voie. Le propriétaire du fonds voisin peut accepter cette modification par arrangement amiable ou peut être contraint à l'élargissement du passage par le tribunal. Le bénéficiaire du passage devra dans tous les cas prouver que la modification est pour lui une nécessité absolue et non pas une simple commodité.
Il n'y a pas lieu de substituer un passage à un autre lorsque le nouveau passage n'est pas plus commode que l'ancien pour le bénéficiaire de la servitude.

À NOTER

Le droit de passage figé au bout de 30 ans *Un usage continu du passage pendant une période de 30 ans ne permet pas de le modifier.*

La cessation de l'enclave

L'enclavement cesse si le propriétaire du fonds enclavé fait l'acquisition du terrain contigu ayant un accès sur la voie ou s'il y a création d'une telle voie par la commune.
Si un droit de passage a été crée avec un objectif particulier, par exemple l'accès à un atelier de travail, la vente de ce local à un tiers supprime l'objet du passage et entraîne la disparition de la servitude (C. cass., civ. 3e, 9.7.2003).

Les relations avec le voisin

› Les obligations du voisin enclavé

Le versement d'une indemnité

La justification de l'indemnité

L'exercice du droit de passage cause au propriétaire du fonds traversé des inconvénients inévitables :
- l'ouverture du chantier peut occasionner des dégâts importants sur son terrain : plantations et arbres arrachés, clôture détériorée ;
- le terrain grevé de la servitude de passage subit une moins-value généralement évaluée à 40 % du prix des mètres carrés supportant le passage.

En contrepartie de ces inconvénients, le propriétaire qui bénéficie du passage doit indemniser le propriétaire du fonds traversé (art. 697 et 698, C. civ.).

Les modalités du versement

Les modalités de l'indemnité peuvent être fixées à l'amiable entre les voisins ou par expertise judiciaire et prendre en compte les principes suivants :
- l'indemnité à verser au propriétaire du terrain traversé doit être proportionnelle au dommage occasionné et non pas à la valeur vénale du terrain (C. cass., civ. 3e, 9.2.1994) ;
- elle peut être constituée sous forme de capital ou sous forme de versements périodiques pendant toute la durée de l'exercice du droit de passage ;
- le montant de l'indemnité peut être majoré à la suite d'un élargissement du passage aggravant les dommages subis.

L'entretien du passage

Le bénéficiaire du passage assure en principe lui-même les frais d'entretien. Mais lorsque le propriétaire du fonds traversé utilise aussi le passage à des fins personnelles, les dépenses d'entretien sont réparties en fonction des besoins de chacun.

Cessation d'une servitude de passage

Selon l'article 1176 du Code civil : « *Lorsqu'une obligation est contractée sous la condition qu'un événement arrivera dans un temps fixe, cette condition est censée défaillie lorsque le temps est expiré sans que l'événement soit arrivé. S'il n'y a point de temps fixe, la condition peut toujours être accomplie ; et elle n'est censée défaillie lorsqu'il est devenu certain que l'événement n'arrivera pas.* »

Cas pratique

La constitution d'une servitude de passage en 1958 par le vendeur, concédant aux acquéreurs la jouissance gratuite exclusive d'une servitude de passage, jusqu'à la réalisation d'un projet de voie publique qui n'a jamais été construite devait être limitée dans le temps. La non-réalisation de la condition au-delà d'une période de 40 ans rend l'engagement initial caduc (C. cass., 3e ch., 19.12.2001, Rousson c/ Amiel, JCP, Éd. G, 6.2.2002, IV 1219).

› Les obligations du propriétaire du fonds traversé

Il reste propriétaire du terrain sur lequel s'exerce le droit de passage mais il ne peut réduire l'usage du passage ou le rendre plus difficile d'accès (art. 701, C. civ.). En cas de litige, la situation est appréciée au cas par cas par les tribunaux.

Ce que peut faire le propriétaire du fonds traversé

- Placer une clôture le long du passage pour réduire les risques d'atteinte à la vie privée.
- Placer une barrière mobile ou une porte permettant de fermer le passage à la condition de donner au voisin enclavé la possibilité d'utiliser l'accès, notamment par la remise d'une clé.

Ce qu'il ne peut pas faire

- Laisser pousser des plantations qui réduisent la largeur du passage.
- Poser une chaîne cadenassée à l'entrée du chemin qui fait obstacle au libre exercice de la servitude (C. cass., civ. 3e, 20.6.1979).
- Faire obstacle à la libre circulation sur ce droit de passage. Le voisin qui supporte ce droit de passage ne peut stationner régulièrement sa voiture sur le passage qui supporte la servitude et empêcher ainsi le propriétaire voisin de circuler librement. Selon l'article 701 du Code civil, le propriétaire du fonds qui supporte le droit de passage ne doit rien faire qui réduise l'usage de cet accès ou qui le rende incommode à ses utilisateurs.

MON CONSEIL

Organisez le droit de passage avec votre voisin *Contactez votre voisin pour prévoir avec lui les conditions du passage sur son terrain. Consultez en sa présence un géomètre-expert pour établir le tracé du passage et renseignez-vous auprès de lui sur les fourchettes d'indemnisation généralement accordées dans la commune en contrepartie du droit de passage. Négociez avec votre voisin le montant à verser et la périodicité du versement. Faites consigner cet accord par acte notarié.*

Les distances à respecter pour les plantations

Les arbres et arbustes doivent être plantés à certaines distances légales de la limite séparative de deux fonds. Les branches d'arbre doivent être coupées régulièrement par les propriétaires des terrains. Le non-respect de ces obligations donne lieu à de fréquents litiges.

Les plantations bordent une propriété privée

› S'informer sur les distances à respecter

Les distances légales varient selon la commune où est située votre propriété. En l'absence de règlements et d'usages locaux, ce sont les règles édictées par le Code civil qui s'appliquent habituellement.

Les règles d'urbanisme

Avant de réaliser la plantation, il est indispensable de s'informer sur les règles locales d'urbanisme applicables. Selon les cas, elles sont définies par les arrêtés municipaux, préfectoraux ou encore par les usages constants codifiés par les chambres d'agriculture et approuvés par les conseils généraux (art. L. 511-3, C. rural).

Les propriétaires voisins peuvent consulter :
- les services de la mairie ou de la chambre départementale de l'agriculture pour connaître les usages locaux ;
- un notaire ou un géomètre-expert pour se faire préciser les règles d'application de textes parfois contradictoires.

› Les distances fixées par le Code civil

L'article 671 du Code civil fixe les règles suivantes :
- les arbres qui font plus de 2 m de haut doivent être plantés à 2 m minimum de la limite séparative de la propriété voisine ;
- les plantations dont la hauteur est inférieure à 2 m peuvent être plantées à 50 cm minimum de cette limite. Dans ce dernier cas, une taille régulière doit garantir le respect de la hauteur prescrite.

Ces règles s'appliquent à toutes les plantations qui poussent spontanément ou qui ont été plantées par la main de l'homme.

ATTENTION ⚠

Les plantations sur le mur mitoyen *Vous pouvez toujours faire grimper des rosiers, poiriers ou autres végétaux en espalier sur un treillage fixé directement sur le mur mitoyen construit sur la limite séparative de deux fonds.*

Seule restriction : les arbres ne doivent pas dépasser le sommet du mur.

Si le mur est privatif, seul le propriétaire du mur est autorisé à y apposer des plantations en espalier.

À NOTER

En Île-de-France *Les départements des Hauts-de-Seine, Seine-Saint-Denis, Val-de-Marne, ainsi que ceux de l'Essonne, du Val-d'Oise, des Yvelines et de Seine-et-Marne ne sont pas soumis aux dispositions du Code civil sur les distances réglementaires. Les arbres et arbustes peuvent donc être plantés jusqu'en limite séparative des deux propriétés, mais ils ne doivent pas toutefois causer un préjudice au voisin. Dans une affaire où l'arrosage régulier des plantations avait fini par provoquer des infiltrations d'eau sur le mur du voisin, le propriétaire des plantations a été contraint de les déplacer (CA Versailles, 21.9.1990).*

■ Savoir calculer la distance réglementaire

› Mesurer la hauteur de l'arbre

La hauteur de l'arbre se mesure du pied de l'arbre au niveau du sol, jusqu'au sommet de l'arbre. Si les deux terrains sont de niveaux différents, la hauteur des plantations n'a pas à prendre en compte le relief particulier des lieux (C. cass., civ. 3e, 4.11.1998).

À NOTER

L'ombre des arbres sur les terrains en contrebas *Si votre terrain domine celui de votre voisin situé en contrebas, il est possible que la croissance de certains arbres, tels que les hêtres ou les bouleaux, réduise progressivement son ensoleillement jusqu'à créer un trouble anormal de voisinage. Prenez contact avec votre voisin avant que la situation s'aggrave et tentez de trouver ensemble une solution amiable (coupe des branches, remplacement des plantations).*

● Évaluer la distance

La distance à observer se calcule à partir du milieu du tronc jusqu'à la ligne séparative des deux propriétés, qu'il s'agisse d'une haie, d'une clôture ou d'un fossé. Peu importe que l'arbre soit penché ou non.

• Lorsque les deux terrains sont séparés par un mur mitoyen, vous devez apprécier la distance légale à partir du milieu du tronc jusqu'au milieu de l'épaisseur du mur.
• Lorsque les deux terrains sont séparés par une voie publique ou privée, la largeur de cette voie est comprise dans le calcul de la distance légale.
• Lorsque, en raison du relief des lieux, les deux terrains ont des niveaux différents, il faut mesurer la hauteur intrinsèque de l'arbre depuis son pied jusqu'à son sommet. La mesure de la hauteur ne prend pas en compte la dénivellation.
• Lorsque c'est une rivière appartenant pour moitié aux deux propriétaires qui sépare les deux fonds, la distance réglementaire s'apprécie à partir du milieu du lit de la rivière.

› Entretenir les plantations dans le respect des droits du voisin

Il arrive que les branches des arbres qui ont été plantés à distance légale empiètent sur la propriété du voisin ou encore que des fruits tombent sur son terrain. Pour prévenir la gêne qui pourrait résulter de cette situation le propriétaire des plantations doit respecter des mesures d'entretien.

Élaguer les arbres

L'article 673 du Code civil impose à chaque propriétaire d'élaguer les branches qui dépassent la limite séparative des deux propriétés. Le voisin ne peut pas prendre l'initiative de couper lui-même les branches car certaines espèces supposent parfois des connaissances spécifiques en horticulture.
Il peut néanmoins contraindre le propriétaire négligent à procéder à l'élagage.
La vente d'un bien ne supprime pas les obligations mises à la charge du vendeur par l'article 1384 du Code civil. Celui-ci conserve sa qualité de gardien pour les faits intervenus alors qu'il était propriétaire et il reste responsable des dommages évolutifs.

Cas pratiques

• La cour d'appel de Lyon a condamné le vendeur d'une propriété sur laquelle se trouvait un cèdre qui n'avait pas été élagué et qui était à l'origine de dommages sur la toiture du propriétaire voisin. Cependant sa responsabilité a été exonérée à la hauteur de 20 % par la négligence du plaignant qui n'avait pas mis en demeure son voisin de procéder à l'élagage des arbres. L'ancien propriétaire du bien a été condamné à verser 84 000 F (12 805 €) à ses voisins de dommages et intérêts (CA Lyon, 6e ch., 13.12.2000, SA BNP-Paribas c/ Époux Faivre, JCP, Éd. G., 6.3.2002, IV 1405).

• Si le propriétaire du terrain sur lequel des branches d'arbre appartenant à son voisin surplombent sa propriété est en droit de demander à ce dernier de les couper, il ne peut de lui-même procéder à leur élagage sans l'autorisation du propriétaire.

Dans une affaire où un voisin avait unilatéralement coupé les branches d'un if sans autorisation et à une période inadaptée, les juges ont condamné cette personne à verser 2 000 € de dommages et intérêts au propriétaire de l'arbre (CA Rouen, 13.3.2008)

À NOTER

Procédez à un entretien régulier de vos arbres sauf accord avec votre voisin *Vous pouvez toujours prévoir avec votre voisin dans une convention datée et signée de ne pas couper les branches des arbres. Faute d'une telle convention, le voisin peut tolérer l'absence d'élagage mais il peut toujours remettre en question cette tolérance. En général, le propriétaire des arbres a intérêt à procéder à un entretien régulier en faisant, si nécessaire, appel à un professionnel.*

Ramasser les fruits

- Les fruits attachés aux branches qui empiètent chez le voisin appartiennent au propriétaire des plantations. On admet cependant que le voisin pourrait les cueillir à condition de ne pas pénétrer sur le terrain sans l'accord de son propriétaire
- Les fruits tombés sur le sol de la propriété voisine appartiennent à ce voisin.

Couper racines, ronces et brindilles

Le voisin peut couper lui-même, sans avoir à demander d'autorisation, les racines, ronces et brindilles qui dépassent sur sa propriété.
Toutefois il n'est pas en droit d'appliquer sur ces plantations, des traitements chimiques qui pourraient tuer l'arbre (CA Reims, 30.5.1985).

› Les sanctions

Le propriétaire qui ne respecte pas les distances légales s'expose à de graves déconvenues.

Arrachage ou taille forcée des arbres

L'action en arrachage

En cas de non-respect de la distance réglementaire, le voisin peut exiger que les arbres, arbrisseaux et arbustes soient arrachés ou réduits à la hauteur légale (tribunal d'instance). Le trouble de voisinage est manifeste lorsque la proximité des plantations entraîne une certaine humidité qui endommage le revêtement du sol du voisin. L'action en arrachage appartient uniquement au propriétaire du terrain voisin ou à l'usufruitier. Le fermier ou le locataire ne peut l'imposer (art. 672, C. civ.).

Cas pratiques

- Le propriétaire des arbres plantés à une distance comprise entre 0,50 m et 2 m de la limite séparative des fonds, a cependant la liberté de choisir entre l'arrachage et l'élagage des arbres litigieux (C. cass., civ. 3e, 14.10.1987).
- Certaines plantations comme les bambous poussent latéralement et peuvent facilement envahir le terrain voisin. Le propriétaire de ces plantes peut être contraint d'arracher les excroissances (C. cass., civ. 3e, 4.1.1990).

Les exceptions

Le propriétaire des plantations peut s'opposer à la requête du voisin dans trois cas :
- une convention écrite, signée directement par les voisins en conflit, par leurs parents, ou par les précédents propriétaires, autorise le non-respect des distances réglementaires ;
- les arbres étaient plantés sur une propriété qui a été divisée à la suite d'une vente, d'un héritage ou d'une donation (art. 693, C. civ) ;
- le voisin n'a pas réagi pendant plus de 5 ans au dépassement de la distance légale. Il y a dans ce cas prescription quinquennale (art. 2224, C. civ.). La prescription court à compter du jour où le titulaire du droit a connu ou aurait du connaître les faits lui permettant de l'exercer, c'est-à-dire du jour où les distances maximales ont été dépassées (art. 672, C. civ.).

Les arbres bordent le domaine public

› Le terrain borde une route nationale ou départementale

Les arbres doivent être plantés à 6 m de cette route et les haies doivent respecter une distance de 2 m. Cette distance peut néanmoins être réduite à 1 m par arrêté préfectoral ou règlement de voirie.

› Le terrain borde un chemin départemental

• Le terrain borde un chemin départemental ou une voie communale : les arbres ou la haie doivent être plantés à une distance de 0,50 m de l'alignement du trottoir.

• Le terrain borde un chemin communal ou vicinal : avant d'effectuer les plantations, le propriétaire des arbres a intérêt à se renseigner à la mairie pour connaître la réglementation applicable. À défaut de réglementation, il est libre d'effectuer les plantations à la limite séparative des fonds, à condition d'élaguer régulièrement les arbres.

Clore sa propriété

Tout copropriétaire a le droit de clore sa propriété pour en empêcher l'accès. Cette faculté, qui est un attribut du droit de propriété, est cependant limitée en présence d'une servitude de passage.

Le droit d'édifier une clôture

L'article 647 du Code civil énonce que : « *Tout propriétaire peut clore son héritage* », afin de se protéger contre les atteintes au droit de propriété. La clôture ne doit pas cependant nuire au voisin. Ce qui est le cas si elle réduit son ensoleillement ou si elle est composée d'une structure en fils barbelés présentant un danger pour les enfants (C. cass., civ. 3e, 27.11.1979).

› Choisir le mode de clôture

• La définition légale

Selon l'article R. 651-1 du Code rural : « *Est réputé clos tout terrain entouré soit par une haie vive, soit par un mur, une palissade, un treillage, une haie sèche d'une hauteur d'un mètre au moins, soit par un fossé d'un mètre vingt centimètres à l'ouverture et de cinquante centimètres de profondeur, soit par des traverses en bois ou des fils métalliques distants entre eux de trente-trois centimètres au plus s'élevant à un mètre de hauteur, soit par toute autre clôture continue et équivalente faisant obstacle à l'introduction des animaux.* »

• La clôture mitoyenne

La clôture est considérée comme mitoyenne dans quatre cas :
- les deux voisins à qui elle appartient en ont fait l'acquisition en commun ;
- la mitoyenneté a été acquise à l'amiable par l'un des deux voisins ;
- la mitoyenneté de la clôture (il doit obligatoirement s'agir d'un mur) a été acquise par cession forcée par l'un des deux voisins ;
- la clôture a été imposée par l'administration pour des raisons de sécurité et de salubrité publique dans une zone urbaine.

ATTENTION ⚠

Respectez le droit de propriété *Le droit de propriété doit être respecté. Ainsi, le fait d'empiéter sur le terrain du voisin pour la construction d'une clôture mitoyenne porte atteinte au droit de propriété.*

Cas pratique

Deux propriétaires voisins avaient convenu d'ériger une clôture mitoyenne, toutefois l'un des propriétaires a assigné l'autre en justice en raison de l'empiètement d'une partie de la clôture sur son terrain. La cour d'appel considérant que l'empiètement était négligeable (0,5 cm) avait débouté le propriétaire à l'origine de la procédure. Toutefois cet arrêt est cassé par la Cour de cassation qui rappelle que l'article 545 du Code civil dispose que « *Nul ne peut être contraint de céder sa propriété, si ce n'est pour cause d'utilité publique, et moyennant une juste et préalable indemnité.* »

La clôture séparative

La clôture est considérée comme séparative dans les deux situations suivantes :
- un seul des propriétaires l'a construite, sans participation financière du voisin, sur la limite de deux terrains privés contigus ou légèrement en retrait de cette limite ;
- en cas d'abandon de la mitoyenneté par un des voisins.

› Quand demander une autorisation au voisin ?

Clôture édifiée sur votre terrain

Si vous édifiez la clôture sur votre propre terrain, légèrement en retrait de la limite séparative, il n'est pas nécessaire de demander l'autorisation au voisin.

Clôture édifiée sur la limite séparative des deux fonds

Si vous envisagez de construire la clôture sur la limite séparative des deux fonds, vous devez impérativement obtenir l'autorisation de votre voisin. Sinon, il pourrait en exiger la démolition en justice.

MON CONSEIL

Informez votre voisin de votre projet avant le début des travaux

Mieux vaut toujours s'entendre avec lui avant d'entamer le chantier. Il peut être intéressé à construire, à frais partagés, une clôture mitoyenne. Dans ce cas, faites-lui signer les plans et devis établis par l'entreprise chargée des travaux et faites établir devant notaire une convention de mitoyenneté. Faites établir clairement la limite séparative des deux terrains en ayant éventuellement recours au bornage.

› La prise en charge des frais de la clôture ?

Lorsque les deux voisins sont tombés d'accord pour édifier la clôture, les frais de construction et d'entretien de la clôture sont partagés entre eux pour moitié. Un voisin peut se libérer de cette dépense en abandonnant à l'autre la moitié du sol nécessaire à la construction de la clôture.

Si les terrains ont un niveau différent, les frais sont partagés entre le propriétaire du lot allant du sol de la partie la plus élevée au sommet du mur, et le propriétaire du lot inférieur. Le supplément d'épaisseur éventuellement nécessaire est à la charge du propriétaire du terrain le plus bas.

Les limites à la liberté de clore sa propriété

Les règles d'urbanisme applicables localement peuvent limiter le droit du propriétaire de clore sa propriété.

› La présence d'une servitude de passage privée

La clôture ne doit pas entraîner une gêne pour le voisin, et notamment empêcher l'accès à son terrain. L'article 682 du Code civil prévoit en effet une servitude de passage au profit du propriétaire d'un terrain enclavé. Il suffit parfois d'ouvrir dans la clôture une simple porte avec remise d'un double des clés, pour que cette obligation soit remplie.
En cas de litige, la gêne subie par le propriétaire du fonds enclavé sera appréciée par le tribunal en fonction de la configuration des lieux et de l'activité professionnelle qu'il exerce. Par exemple, dans le cas d'une activité agricole ou industrielle, l'ouverture aménagée dans la clôture doit permettre le passage d'engins liés à cette activité.

› La présence d'une servitude de passage publique

• Terrain en bordure d'une rivière

Si le terrain est situé au bord d'une rivière ou d'un lac, le propriétaire qui édifie la clôture doit respecter le régime des eaux et le droit des tiers (régime fixant les variations de débit des eaux et le droit de passage des tiers).

• Terrain en bordure du littoral

Si le terrain est situé au bord de la mer, la clôture ne doit pas empêcher le libre accès au littoral.

À NOTER

Se clôturer sans abus *Une clôture ne doit pas être édifiée dans le seul but de nuire aux voisins. Si elle ne présente aucune utilité quant à la protection de la propriété privée mieux vaut renoncer à sa construction. Dans tous les cas, le voisin serait en droit de demander en justice sa démolition.*

Une autorisation administrative préalable

Les règles d'urbanisme qui s'appliquent dans la commune soumettent parfois l'édification de la clôture à une autorisation administrative préalable.

› L'absence de déclaration

Ne sont pas soumis à déclaration préalable les clôtures édifiées pour une activité agricole ou forestière, les clôtures de chantier (palissage ou grillage) et les travaux de modification de clôture existante.

ATTENTION ⚠

Clôture alignée *Si depuis la construction de la clôture un nouveau plan local d'urbanisme (PLU) a modifié le plan d'alignement, l'administration peut imposer le recul de la clôture. Renseignez-vous auprès de la mairie du lieu de votre habitation pour vérifier que les prescriptions locales n'ont pas été modifiées.*

› La déclaration obligatoire

Si votre commune est dotée d'un plan local d'urbanisme (PLU), et si elle est située dans une zone de périmètre sensible, vous devez déposer en mairie une déclaration préalable, en joignant à l'imprimé spécial similaire à celui exigé pour un permis de construire, le plan des travaux envisagés. Il en est de même pour les communes figurant sur une liste établie par l'administration. Le maire dispose d'un délai de 1 mois à compter du dépôt du dossier pour prendre sa décision.
Il peut :
- autoriser le chantier ;
- assortir l'édification de la clôture de prescriptions particulières (hauteur minimale, emploi de certains matériaux ou couleurs) ;
- s'opposer à la réalisation des travaux.

Son silence vaut acceptation du chantier (art. R. 441-1 à R. 441-3 et R. 422-3 à R. 422-9, C. urbanisme).

ATTENTION ⚠

Hauteur de la clôture *Lorsque la hauteur d'une clôture est fixée par un règlement d'urbanisme et lorsque les terrains contigus présentent une dénivellation, cette hauteur doit être respectée par le propriétaire du terrain inférieur (C. cass., civ. 3e, 29.11.1983).*

Le bornage

Lorsque la limite séparative de deux propriétés est imprécise, il est utile de la borner par des marques apparentes. Cette démarche évitera les litiges entre voisins immédiats.

› Qu'est-ce que le bornage ?

La définition

Le bornage consiste à identifier par des marques matérielles évidentes appelées « bornes » la limite séparative de deux propriétés contiguës.
Le bornage n'est cependant pas une barrière qui protège la propriété contre les intrusions.
De même, les plans du cadastre sont établis par l'administration fiscale pour établir l'assiette de l'imposition foncière. Ils ne constituent pas un titre mais simplement une présomption de propriété. Le géomètre-expert qui a procédé au bornage indique généralement dans le procès-verbal la localisation des terrains bornés dans le plan cadastral.
En cas de contestation, la possession du terrain pendant une durée de plus de 30 ans, associée à un relevé cadastral fera preuve de sa propriété.
Le cadastre n'a pas de valeur juridique. S'il est contraire à un titre de propriété, c'est ce dernier qui fait foi. Il en est de même en cas de possession effective des lieux.

La pose de bornes

Un géomètre-expert examine les lieux et recherche les éléments de preuve permettant d'identifier la limite séparative des deux fonds : actes de propriété, documents cadastraux, témoignages des voisins. Il pose ensuite sur le terrain des bornes qui limitent les deux propriétés et formalise le bornage dans un procès-verbal.

Cas pratique

Puis-je faire borner mon terrain bien qu'il existe déjà une clôture le séparant de la propriété voisine ?
La présence d'une clôture n'est pas un obstacle à une action en bornage. Le propriétaire concerné doit cependant vérifier que :
– La clôture n'a pas été autrefois édifiée avec l'accord des voisins. Dans ce cas, elle pourrait être considérée comme un bornage antérieur ce qui ferait obstacle à l'établissement d'un nouveau bornage.
– La prescription trentenaire de la clôture ne peut être invoquée par votre voisin.
La meilleure solution est de présenter votre projet à votre voisin. Il pourra rechercher les titres de propriété qui font état de la clôture. Renseignez-vous aussi auprès du cadastre et, le cas échéant, recueillez le témoignage des voisins.

ATTENTION ⚠

Bornage obligatoire *L'acquéreur souhaitant construire sur un terrain doit être informé du fait que le descriptif résulte d'un bornage. Le bornage est obligatoire, si le terrain est situé dans un lotissement, s'il est issu d'une division effectuée à l'intérieur d'une ZAC ou d'un remembrement réalisé par une association foncière.*
Toute promesse unilatérale de vente ou d'achat, tout contrat de vente de terrain indiquant l'intention de l'acquéreur de construire un immeuble à usage d'habitation doit comporter cette information (art. 14, loi SRU, 13.12.2000).

Les caractéristiques des terrains

Les terrains susceptibles de faire l'objet d'une opération de bornage doivent remplir certaines conditions :

La contiguïté des propriétés

Le bornage suppose la contiguïté des terrains. Les propriétés séparées par un sentier privé, un ravin ou un ruisseau peuvent néanmoins être bornées. Le cours d'eau doit cependant être de faible importance pour ne pas constituer une frontière naturelle. La présence d'une clôture entre les deux terrains (haie, mur, palissade) ne s'oppose pas non plus au bornage.
Lorsque la propriété de l'un des voisins est limitée par un chemin privé qui lui appartient, le géomètre-expert effectue le bornage à partir de la limite extérieure du chemin.
Ne peuvent faire l'objet d'un bornage les propriétés séparées par une voie publique ou pour une voie ferrée.

La juxtaposition des bâtiments

Les bâtiments voisins ne doivent pas avoir de point de contact à l'endroit où les terrains se rejoignent car cette configuration serait un obstacle à la pose de bornes. Le géomètre-expert délimite les propriétés selon les règles de l'art.

Cas pratiques

Mon terrain est séparé de la propriété voisine par une rivière. Comment faire établir le bornage de ma parcelle ?
Lorsqu'il n'y a pas contiguïté des deux fonds voisins séparés, dans le cas présent, par une rivière navigable, le bornage des limites de l'une ou l'autre des parcelles peut être envisagé par son propriétaire. Mais les frais du bornage seront en totalité à sa charge.
En revanche, lorsque les deux fonds sont séparés par un chemin d'exploitation, un ravin ou un ruisseau, la contiguïté des terrains permet le partage des frais entre les deux voisins.

Comment faire établir le bornage d'une parcelle indivise ?
Vous devez d'abord évoquer ce projet avec votre voisin immédiat et lui demander, le cas échéant, les coordonnées des indivisaires.

Le bornage pourra être établi avec l'ensemble des propriétaires indivis ou avec votre seul voisin immédiat. Dans ce cas, vous devez notifier la décision de bornage à l'ensemble des intéressés. Ces derniers sont en droit de faire opposition au jugement de bornage dans les 2 mois de sa signification.

La demande de bornage

› Les personnes autorisées

• Les personnes habilitées à demander le bornage

- Le propriétaire du terrain ;
- le titulaire d'un droit d'usage et d'habitation ;
- le nu-propriétaire et l'usufruitier avec l'accord de l'autre ;
- chaque indivisaire d'un terrain indivis.

• La capacité juridique requise

Lorsque le bornage n'est pas contesté par le voisin, il s'agit d'un simple acte d'administration qui peut être accompli par le tuteur ou l'administrateur légal (si le terrain appartient à un mineur, en cas d'héritage, ou à un majeur sous tutelle). S'il s'agit d'une modification de la limite séparative de deux terrains, le bornage concerne le droit de propriété et, le cas échéant, exige l'autorisation du conseil de famille ou du juge des tutelles.

› Le bornage amiable

Lorsque les voisins sont d'accord pour faire borner les deux propriétés, il suffit que l'un des deux prenne contact avec un géomètre-expert qui recherchera la surface exacte des deux terrains et procédera à la pose de bornes.

Cas pratique

Un propriétaire peut toujours s'opposer au bornage amiable. Il ne commet pas de faute en exigeant un bornage judiciaire dont les frais seront partagés par moitié. Dans cette affaire l'un des propriétaires refusait le bornage amiable en raison de l'imprécision de la limite du terrain et du manque de fiabilité des repères (CA Nancy, 4.5.2000).

À NOTER

Gratuité du bornage amiable *Le bornage amiable préserve les intérêts communs des voisins et évite les frais de justice. Pour être valable, le bornage doit être constaté contradictoirement par les deux voisins concernés. Il peut être établi par acte sous seing privé mais un acte notarié est une meilleure garantie.*

› Le bornage judiciaire

En cas de désaccord avec le voisin sur le principe du bornage ou sur ses conditions, une action judiciaire en bornage peut être envisagée.

Quels sont les organes compétents ?

Lorsque la propriété du sol n'est pas contestée, vous devez porter l'action devant le tribunal d'instance du lieu de situation du terrain à borner.
Le juge est compétent pour vérifier le fondement du litige, fixer la limite des parcelles sur la base des titres de propriété, et faire procéder à la pose de bornes sur la limite séparative des deux fonds.
Le juge d'instance est seul compétent en matière de bornage.
Lorsqu'il y a contestation sur la propriété, l'affaire est portée devant le juge du tribunal de grande instance.

La preuve

Chaque propriétaire apporte la preuve des faits qu'il avance. Tous les moyens sont admis : preuve écrite, témoignage, présomption de propriété. Le juge peut ordonner des mesures d'instruction complémentaires : expertise, enquête sur place. Le plus souvent, il désigne un géomètre-expert qui a pour mission de fixer la ligne séparative des deux propriétés.
Toutefois, l'action en bornage implique l'existence de deux fonds contigus appartenant à deux propriétaires privés. S'il n'est pas certain que l'utilisateur d'une des parcelles en soit le propriétaire, il n'appartient pas au tribunal de trancher sur cette question de fonds qui dépasse le cadre de l'action en bornage (C. cass., civ. 3e, 16.1.2002, Garines c/ Cne de Morne-à-l'Eau, JCP, Éd. G. , 20.2.2002, IV 1323).

Le procès-verbal de bornage

Le géomètre-expert, mandaté par le tribunal, dresse un procès-verbal de bornage signé par les deux propriétaires ou homologué par le tribunal si l'un d'eux refuse de signer.
Le jugement en bornage peut faire l'objet d'un appel dans un délai de 30 jours.
Le procès-verbal de bornage doit être publié au bureau des hypothèques du lieu de la situation des terrains dans les 2 ou 3 mois de sa rédaction pour être opposable au tiers.
Il se substitue aux titres de propriété antérieurs et il a un caractère définitif.

Les frais de bornage judiciaire

Les frais de bornage judiciaire sont partagés entre les deux voisins. Mais le juge peut modifier cette répartition notamment si l'un des deux voisins se révèle d'une mauvaise foi manifeste.
Les honoraires du géomètre-expert sont libres et leur montant dépend de la nature et de la complexité des tâches à accomplir.

La contestation du bornage

› L'annulation du bornage

En principe, le bornage ne peut être remis en question. Cependant, si l'un des voisins constate que le bornage ne correspond pas à la limite séparative des terrains, il peut tenter une action en annulation devant le tribunal. Il devra dans ce cas prouver :

- que le géomètre-expert a commis une erreur d'appréciation. Le demandeur peut alors mettre en cause sa responsabilité civile et demander des dommages et intérêts pour le préjudice subi ;
- que son propre consentement a été vicié par erreur, violence ou manœuvre frauduleuse.

Cas pratique

Un bornage a ainsi été annulé par la Cour de cassation alors qu'il avait été accepté par l'un des propriétaires sur la base d'un rapport erroné du géomètre-expert (C. cass., civ. 3e, 3.11.1981).

› Le déplacement des bornes

Le déplacement des bornes est assimilé à la destruction ou à la détérioration volontaire d'un bien immobilier appartenant à autrui. Ces faits sont punis d'une peine d'emprisonnement de 2 ans maximum, et d'une amende de 30 000 € (art. 322-1, C. pénal).

Le voisin qui constate la disparition des bornes peut porter plainte contre X auprès du procureur de la République.

Il sera possible de faire procéder à la pose de nouvelles bornes sur la base du procès-verbal antérieur.

À NOTER

Une haie plantée chez le voisin *Si, après le bornage, vous avez par mégarde planté une haie au-delà de la limite séparative des terrains, plusieurs solutions sont envisageables pour éviter le conflit :*

- rectifier de votre propre initiative cette erreur en arrachant la haie et en la replantant sur votre propre terrain ;

- demander à votre voisin de vous vendre la partie du terrain lui appartenant à un prix évalué d'un commun accord ou fixé par notaire ;

- négocier avec le voisin la création d'une servitude de passage à votre profit moyennant le paiement d'une indemnité de votre part. En effet, c'est toujours le bénéficiaire de la servitude qui verse une indemnité au voisin.

Les servitudes publiques

➤ Les servitudes publiques sont des contraintes établies par la loi ou par les règlements particuliers au profit de l'État ou des communes (art. 649, C. civ.)

➤ Ces contraintes peuvent grever lourdement une propriété et en diminuer la valeur en cas de vente.

➤ Le notaire chargé de la transaction est tenu de procéder à la recherche des servitudes publiques en demandant le certificat d'urbanisme.

➤ La consultation du plan local d'urbanisme (PLU) doit permettre de se renseigner sur les contraintes administratives affectant le bien.

L'accès au bord de mer

Le littoral doit rester accessible à la libre circulation. Ce principe impose certaines contraintes aux propriétaires des maisons situées en bordure de plage.

La libre circulation des promeneurs

Les propriétaires riverains du littoral doivent laisser libre à la circulation une bande de 3 m de largeur en bordure du domaine public maritime sur la partie du rivage couverte par la mer lors de la marée haute. Cette zone appelée « le chemin du douanier » doit permettre aux piétons d'aller et venir en bord de mer. L'usage et le stationnement des véhicules à deux roues et des véhicules à moteur est cependant interdit sur cette bande (art. L. 160-6 à L. 160-8 et R. 160-8 à R. 160-33, C. urbanisme).

Le désenclavement de la plage

Dans les parties du littoral qui n'ont pas d'accès direct sur la voie publique, un arrêté préfectoral peut décider d'utiliser les voies privées existantes pour relier le littoral à la voie publique (art. L. 160-6-1, C. urbanisme). L'emplacement du passage doit être signalé sur le PLU (plan local d'urbanisme) consultable à la mairie et faire l'objet d'un affichage à l'attention du public.

Le tracé du passage

Le passage ne peut être réalisé à moins de 15 m de toute construction réalisée avant janvier 1976. Le propriétaire d'une maison entourée de murs peut refuser le passage. En revanche, il n'a pas la possibilité de s'opposer à l'ouverture d'un accès si la construction a été réalisée depuis janvier 1976.
Les riverains ne doivent pas faire obstacle à la libre circulation du passage en posant une clôture, une barrière ou tout autre dispositif qui empêcherait les piétons d'aller et venir sur le chemin. Ils sont néanmoins autorisés à installer une clôture le long du terrain qui borde le passage.

À NOTER

La plage privée *Lorsqu'une propriété privée fait obstacle à la libre circulation des promeneurs, seule la partie supérieure de la plage peut comporter un panneau « plage privée ». Le rivage attenant à cette zone appartient au domaine public et doit rester libre à la circulation.*

La construction d'une autoroute

La construction d'autoroute en bordure de propriété occasionne un préjudice personnel aux riverains et dévalue leur propriété. Ces dommages donnent généralement lieu à indemnité.

Les formalités préalables à la construction

Avant la construction de l'autoroute, le préfet doit organiser une consultation publique où sont conviés les riverains. Ils peuvent donc évaluer, en fonction des plans qui sont affichés, la gêne qu'ils auront à subir. Une enquête publique fera suite à cette première consultation et les propriétaires riverains pourront signaler les inconvénients consécutifs à la construction de l'autoroute.

Agir en justice

Après évaluation des nuisances sonores, les riverains peuvent réclamer au tribunal administratif une indemnité destinée à compenser le trouble subi ainsi que la dépréciation de la propriété.

MON CONSEIL

Évaluation des nuisances *Faites appel à un expert pour évaluer les nuisances et constituer un dossier complet à soumettre au tribunal. Vous n'avez pas à apporter la preuve d'une faute de l'administration mais vous devez démontrer le lien direct existant entre votre préjudice et la construction de l'autoroute. L'administration peut accepter un dédommagement amiable. À défaut, le riverain lésé devra exercer un recours devant le tribunal administratif du lieu de situation de la propriété.*

L'assistance d'un avocat n'est pas obligatoire mais elle est conseillée dans le cadre d'une procédure souvent longue et complexe.

Les dommages et intérêts seront établis en fonction de la distance séparant la propriété de l'autoroute.

Cas pratique

Un propriétaire riverain, qui ne pouvait plus offrir sa maison en location à la suite des nuisances sonores résultant de la construction d'une autoroute, a reçu une somme de 275 000 F (41 923 €) en dédommagement de ses pertes de loyer (TA Lyon, 15.7.1986).

Les propriétaires riverains peuvent obtenir une indemnité différente de celle versée pour la dépréciation de l'immeuble si les nuisances qu'ils subissent excèdent celles qui incombent normalement aux occupants des immeubles situés à proximité d'une voie publique.

Cas pratique

Une indemnisation a été accordée au propriétaire d'une maison implantée à 20 m de la chaussée qui, avant l'installation d'une rocade, ne subissait aucun trouble car la construction se trouvait dans une zone peu urbanisée. Les tribunaux ont considéré que la hausse importante du trafic des véhicules constituait une nuisance excédant le trouble normalement supporté par les occupants des immeubles situés à proximité d'une voie publique. La responsabilité de la puissance publique a été reconnue (CAA Lyon, 17.10.1990).

ATTENTION ⚠

Financement des voies nouvelles *Depuis le 1er janvier 2002, une participation des riverains au financement des voies nouvelles a été mise en place. Cette participation est destinée à couvrir le coût de travaux de construction de voirie, de dispositifs d'écoulement des eaux pluviales, des réseaux d'eau potable lorsque ces travaux sont réalisés pour permettre de nouvelles constructions. La part des dépenses supportées par les riverains est arrêtée par le conseil municipal. Elle est due à compter de la construction d'un bâtiment sur le terrain (art. L. 332-11-1 et L. 332-11-2, C. urbanisme).*

Les riverains ont intérêt à se renseigner à la mairie de leur commune pour connaître les modalités d'application de ces dispositions.

Les servitudes imposées par EDF

EDF est autorisée à faire passer des lignes électriques au-dessus des propriétés privées. Les contraintes résultant de cette servitude donnent lieu à une faible indemnisation.

Mise en place des servitudes

Avant l'installation d'une nouvelle ligne, EDF est tenue d'ouvrir la concertation avec la commune concernée. Une procédure de déclaration d'utilité publique est engagée à la suite de cette première concertation.
Après la déclaration d'utilité publique la servitude de passage des lignes électriques ou des canalisations souterraines est accordée sous forme de concession.
Le concessionnaire bénéficiaire de la servitude peut installer des supports ou ancrages à l'extérieur des murs donnant sur la voie publique, faire passer les lignes au-dessus des propriétés privées ou enterrer des canalisations de distribution d'énergie (servitudes de passage). Il peut aussi faire couper les arbres situés à proximité des lignes (servitudes d'abattage ou d'ébranchage).
Des servitudes d'utilité publique peuvent également être instituées au voisinage d'une ligne électrique aérienne de tension supérieure ou égale à 130 kV.
Ces servitudes peuvent limiter ou interdire l'implantation de bâtiments à usage d'habitation. Toutefois, elles ne font pas obstacle aux travaux d'adaptation, de réfection, ou d'extension des constructions existantes, à condition que les travaux en cause n'entraînent pas d'augmentation significative de la capacité d'accueil d'habitants dans les périmètres où les servitudes ont été installées. Si l'institution de ces servitudes entraînent un préjudice direct, matériel et certain, elles ouvrent droit à une indemnité au profit des personnes concernées (art. 46, loi SRU, 13.12.2000).

Les limites au droit des riverains

Les riverains qui souhaitent effectuer des travaux sur une propriété sur laquelle sont installées des lignes électriques doivent en informer EDF.

› L'absence de convention

En l'absence de convention restreignant les droits des propriétaires, ceux-ci sont en droit de surélever ou de démolir leur habitation à condition d'en informer EDF au moins 1 mois avant le début des travaux. Le propriétaire qui a obtenu un permis de construire pour les travaux envisagés obtiendra généralement le déplacement des poteaux électriques posés par EDF.

› La signature d'une convention

En présence d'une convention limitant les droits des riverains, les constructions ou modifications du logement peuvent être interdites. S'il en résulte pour le propriétaire un préjudice direct, matériel et certain, il pourra réclamer une indemnisation à EDF. L'indemnité allouée est généralement de faible importance. Le préjudice esthétique résultant de la pose de poteaux n'est pas pris en compte.

Les sites classés

Les particuliers qui habitent à proximité des monuments et sites classés doivent respecter certaines contraintes en vue de la protection du patrimoine architectural.

La proximité d'un site classé

Selon l'article L. 421-6 du Code de l'urbanisme : « *Le permis de construire ou d'aménager ne peut être accordé que si les travaux projetés sont conformes aux dispositions législatives et réglementaires relatives à l'utilisation des sols, à l'implantation, la destination, la nature, l'architecture, les dimensions, l'assainissement des constructions et à l'aménagement de leurs abords et s'ils ne sont pas incompatibles avec une déclaration d'utilité publique.*
Le permis de démolir peut être refusé ou n'être accordé que sous réserve de l'observation de prescriptions spéciales si les travaux envisagés sont de nature à compromettre la protection ou la mise en valeur du patrimoine bâti, des quartiers, des monuments et des sites. »
En pratique, aucune construction ne doit être édifiée dans un périmètre inférieur à 500 m du monument ou du site. En cas de doute, l'appréciation de la zone de protection est confiée à un organisme professionnel habilité : les Architectes des Bâtiments de France (voir les *adresses*, p. 131).

› En dehors d'une zone de protection

Lorsque le projet de construction est à l'évidence situé en dehors de la zone de protection, le propriétaire du futur logement n'a pas à solliciter d'avis conforme.

› En bordure d'une zone de construction

Lorsque la construction est envisagée en bordure de la zone de protection, le propriétaire du logement doit demander un avis officiel à l'ordre des Architectes des Bâtiments de France. Cet avis peut être favorable, défavorable ou soumis à réserve. Dans ces deux derniers cas, le maire n'est pas autorisé à délivrer un permis de construire à la personne intéressée. Il dispose d'un délai de 1 mois après avoir eu connaissance de l'avis officiel pour saisir le ministre de la Culture. Le silence des services du ministère, dans les 2 mois de sa saisine, confirme les réserves ou le refus exprimé par l'ordre des Architectes des Bâtiments de France.

La protection du patrimoine

Les constructions situées dans les zones de protection du patrimoine architectural, urbain et paysager, doivent respecter un certain nombre de contraintes architecturales : alignement des bâtiments, pente des toitures, balcons… Ces prescriptions peuvent être aménagées par le maire de la commune en collaboration avec les Architectes des Bâtiments de France.

Les secteurs sauvegardés

Les travaux d'aménagement soumis à délivrance du permis de construire, et concernant une construction située dans un secteur sauvegardé, doivent également être autorisés par les Architectes des Bâtiments de France (art. L. 313-1 et s., C. urbanisme). Cet organisme dispose d'un délai de 2 mois après sa saisine pour donner son avis. Faute de réponse dans ce délai et en l'absence d'avis contraire, le propriétaire concerné peut entreprendre les travaux envisagés.

ATTENTION ⚠

Périmètre protégé *Le périmètre de protection des monuments historiques est fixé à 500 m autour du site (art. L. 621-30-1, C. patrimoine). Ce périmètre peut être modifié sur proposition de l'Architecte des Bâtiments de France après accord de la ou des communes concernées. Les personnes situées dans le périmètre de protection ont intérêt à se renseigner à la mairie en vue de vérifier si leur bien se trouve ou non dans un périmètre protégé.*

Les travaux et les nuisances

Les nuisances extérieures

➤ Les troubles de voisinage peuvent provenir également de nuisances liées aux infrastructures urbaines, que ce soit le bruit en provenance d'un aéroport, le stationnement des voitures dans la rue, ou encore l'affichage d'enseignes lumineuses…

➤ Lorsque les recours individuels sont insuffisants à assurer la protection de leur environnement, les personnes lésées peuvent envisager une action collective pour faire valoir leurs intérêts communs.

La proximité d'un aéroport

Les riverains des aéroports subissent des nuisances importantes susceptibles d'occasionner des troubles divers. Regroupés en associations, ils tentent régulièrement de défendre leurs intérêts devant les tribunaux.
Une commission indépendante de contrôle des nuisances aéroportuaires a été instituée en vue d'un traitement impartial de leurs doléances (loi n° 99-588 du 12.7.1999 ; décret n° 2000-415 du 16.5.2000).

La lutte contre le bruit

› Les normes antibruit

L'organisation de l'aviation civile internationale (OACI) a édicté des normes fixant des niveaux de bruit maximal pour la conception des avions de transport. Pour inciter les exploitants à utiliser les avions les moins bruyants, les redevances à l'atterrissage sont, depuis 1984, modulées en fonction du classement acoustique des avions. Les compagnies qui mettent en circulation les avions les plus bruyants doivent payer une taxe proportionnelle à la nuisance sonore subie.
Les essais moteur ont été réglementés. Ils sont notamment interdits sur l'aéroport de Roissy-Charles-de-Gaulle et du Bourget, entre 22 heures et 6 h du matin (arrêté du 17.12.1997).

› Le contrôle du bruit dans les aéroports

Des mesures de couvre-feu partiel ou total ont été mises en place pour les aéroports situés en zone urbanisée. Les avions les plus bruyants ont l'interdiction de décoller entre 0 h 00 et 4 h 59 du matin, et d'atterrir entre 0 h 30 et 5 h 29 du matin dans l'aéroport de Paris-Roissy-Charles-de-Gaulle (arrêté du 6.11.2003). Pour l'aéroport de Nice, l'interdiction de décoller est de 23 h 30 à 6 h 15 du matin, et l'interdiction d'atterrir de 23 h 15 à 6 h du matin (arrêté du 7.6.2004). À l'aéroport de Toulouse, l'interdiction de vol s'étend de 23 h à 5 h du matin.
Des systèmes enregistrant les trajectoires suivies par les avions ainsi que les bruits mesurés au sol sont progressivement installés dans les aéroports. Ils facilitent les procédures d'atterrissage à moindre bruit imposées aux pilotes et fournissent des corrélations statistiques entre bruit et trajectoire.

Les aides aux riverains

› Le plan de gêne sonore (PGS)

La loi du 31 décembre 1992 a institué une aide aux riverains des neuf principaux aéroports français, financée notamment par la taxe imposée aux exploi-

tants aériens. Chacun de ses aéroports dispose d'un plan de gêne sonore (PGS), qui définit les zones à l'intérieur desquelles les riverains peuvent bénéficier d'une aide à l'insonorisation.
Cette contribution financière qui représente 80 % du montant des travaux (voire 100 % pour les ménages à faibles revenus) est subordonnée à deux conditions :
- le permis de construire concernant le logement à insonoriser doit avoir été délivré antérieurement à la réalisation du plan d'exposition au bruit (PEB) annexé au plan local d'urbanisme (PLU) ;
- le logement à insonoriser doit être situé dans le plan de gêne sonore (PGS).
Depuis le 1er janvier 2004, l'aide à l'insonorisation est versée par l'exploitant de l'aéroport (les chambres de commerce et d'industrie, par exemple) et non plus par l'Agence de l'environnement et de la maîtrise de l'énergie (voir les *adresses*, p. 131). Les riverains doivent joindre à leur dossier une photocopie du permis de construire concernant le logement à insonoriser ainsi que des justificatifs de leurs revenus annuels. L'instruction du dossier peut durer de 6 mois à 1 an.
L'insonorisation des logements des riverains est financée par la taxe due par les transporteurs aériens. La gestion du dispositif est confiée aux exploitants des aérodromes sous le contrôle des commissions consultatives d'aide aux riverains.

› Trois nouvelles mesures pour venir en aide aux riverains des aéroports

Fin 2007, Nathalie Kosciusko-Morizet et Dominique Bussereau ont présenté un plan de lutte contre les nuisances sonores aériennes. Ce plan concerne 3 millions de riverains.
En région parisienne, afin de réduire le bruit que subissent les riverains des aéroports, les avions doivent désormais voler à une altitude plus élevée avant d'atterrir. Cette altitude va progressivement être relevée de 300 m. Les avions sont passés de 600 m à 900 m en 2008 à l'aéroport du Bourget, l'altitude d'arrivée à Orly passera à 1 200 m en 2009, et à 1 200 et 1 500 m sur Roissy en 2011 et 2012. Cette mesure doit permettre un gain acoustique de l'ordre de 5 décibels à une distance comprise entre 20 et 50 km de la piste d'atterrissage et une réduction allant jusqu'à 50 % du bruit subi par les populations survolées.
Deuxième mesure : la procédure d'aide à l'insonorisation devrait s'accélérer. Destinée aux riverains des aéroports, cette aide devrait être distribuée plus facilement et notamment aux riverains des aéroports d'Orly et de Nantes-Atlantique, pour lesquels des dossiers sont en attente depuis 2004. La taxe sur les nuisances sonores aériennes sera relevée sur ces deux aéroports afin de permettre le traitement de 1 500 logements en attente de financement sur Orly et 300 sur Nantes-Atlantique. L'objectif est de permettre l'insonorisation de 7 000 logements par an. En outre les vols en soirée, représentant une gêne accrue pour les riverains, seront davantage taxés entre 18 h et 22 h.
La troisième mesure concerne les sanctions prononcées à l'encontre des compagnies en cas d'infraction à la réglementation en matière d'environnement. Désormais, l'ACNUSA sera responsable de la totalité de la procédure, la Commission

nationale de prévention des nuisances qui jusqu'à présent examinait les dossiers est supprimée.

MON CONSEIL

Le directeur de l'aéroport *Adressez-vous directement à ses services. Depuis 2004, ils sont chargés de gérer les dossiers d'aide à l'insonorisation. Les Aéroports de Paris mettent à la disposition des riverains un numéro leur permettant de demander les dossiers de subvention : 0 810 87 11 35 (prix d'un appel local). À Lyon, il faut appeler le 04 72 22 48 87.*

Les missions de l'autorité de contrôle des nuisances (ACNUSA)

L'autorité de contrôle des nuisances sonores aéroportuaires mise en place par la loi du 12 juillet 1999 est chargée de :
- veiller à l'application des mesures de protection de l'environnement des aérodromes ;
- procéder à une nouvelle évaluation du bruit résultant de l'augmentation du trafic aérien ;
- constater les nuisances en dressant un procès-verbal des fautes et négligences commises par les compagnies aériennes ;
- prononcer des sanctions administratives. L'autorité de contrôle est habilitée à appliquer des amendes d'un montant de 7 500 € à 20 000 € aux transporteurs aériens qui n'ont pas respecté le couvre-feu horaire fixé par arrêté ministériel, les restrictions d'usage imposées par les aérodromes, les procédures de décollage et d'atterrissage visant à réduire les nuisances, etc.

À NOTER

La maîtrise des nuisances sonores en Île-de-France *Par arrêté du 23 février 2003 du ministre de l'Équipement et des Transports, la gêne sonore résultant du trafic de Roissy a été plafonnée à des niveaux fixés par des indicateurs mesurant le bruit perçu au sol. Ces indicateurs pondèrent le bruit émis en soirée et la nuit au moment où la gêne est la plus sensible pour les riverains. Le respect du plafonnement des nuisances sonores est placé sous le contrôle de l'Autorité de contrôle des nuisances sonores aéroportuaires (ACNUSA). Une amende pouvant atteindre un montant de 20 000 € par infraction peut être infligée aux compagnies aériennes qui ne respectent pas les restrictions d'exploitation.*

Par ailleurs, depuis avril 2004, la compagnie nationale Air France a accepté de supprimer la quasi-totalité de ses vols entre 0 h 00 et 4 h 59 du matin. En outre, un arrêté du 9 novembre 2003 du ministre de l'Équipement applique cette interdiction des vols de nuit aux décollages non programmés dans cette plage horaire.

› La composition de la commission

L'autorité de contrôle des nuisances aéroportuaires est composée de huit membres nommés en raison de leur compétence dans les domaines économique, juridique, technique ou de leur connaissance en matière d'environnement, de santé ou de transport aérien. Le président qui est à la tête de cette commission est nommé par décret pris en Conseil des ministres.
Afin d'assurer l'indépendance de l'autorité de contrôle, ses membres ne peuvent exercer une activité publique ou privée ou une responsabilité associative quelconque ayant un lien direct ou indirect avec l'activité des aéroports.

› La saisine de la commission

L'autorité de contrôle des nuisances aéroportuaires ne peut être saisie directement par un particulier. Les personnes qui subissent une gêne sonore provenant d'un aéroport doivent obligatoirement passer par l'intermédiaire d'une association de riverains (voir les *adresses*, p. 131).
La commission peut, si elle l'estime utile, se saisir elle-même. Elle peut également faire l'objet d'une saisine de la part :
- du ministre de l'écologie et du développement durable ;
- du ministre de l'équipement, du logement, des transports, de la mer et du tourisme ;
- d'une commission consultative pour l'environnement ;
- d'une association concernée par l'environnement sonore aéroportuaire.

› Les missions

L'autorité de contrôle est chargée de constater et sanctionner les nuisances commises par les compagnies aériennes.

• Le procès-verbal des nuisances

Le constat des nuisances est établi par procès-verbal. Un fonctionnaire de l'aviation civile indique, dans ce document, les manquements de la compagnie qui n'a pas respecté :
- le couvre-feu horaire fixé par arrêté ministériel ;
- les interdictions d'usage des aérodromes imposées pour les avions les plus bruyants ;
- les procédures de décollage et d'atterrissage visant à réduire les nuisances.
Le procès-verbal fait l'objet d'un dossier administratif qui est transmis à la compagnie fautive.

• Les sanctions administratives

L'autorité de contrôle des nuisances aéroportuaires est habilitée à prononcer des amendes plafonnées à 20 000 € à l'encontre des transporteurs aériens à l'origine des nuisances répréhensibles.

› Le vote des décisions

L'autorité ne peut se prononcer sur une question que si au moins quatre de ses membres sont présents lors de la délibération. Les décisions sont votées à la majorité des membres présents. En cas de partage égal des voix, celle du président est prépondérante.

Les actions des riverains

› Le rôle des associations de riverains

Il existe autour des grands aéroports, des associations de riverains chargées de représenter leurs intérêts au cours de procédures civiles. Toute personne intéressée peut faire entendre ses doléances auprès de l'une de ces associations.

MON CONSEIL

Adressez-vous à l'UFCNA (Union francilienne contre les nuisances des aéronefs) *Cette association vous fournira la liste des associations françaises qui luttent contre les nuisances aériennes (voir* Les adresses, *p. 131).*

› Les commissions consultatives d'aide aux riverains

Pour chaque aéroport, une commission composée des représentants des riverains, des communes concernées, des transporteurs et de l'exploitant de l'aéroport peut renseigner sur l'état d'avancement du PGS (plan de gêne sonore) ou sur les modalités d'affectation des aides.

› Les procédures civiles

Les associations de riverains peuvent mettre en cause la responsabilité civile de la compagnie aérienne sur la base de l'article L. 141-2 du Code de l'aviation civile qui prévoit que les exploitants des aéronefs sont responsables des nuisances causées par les appareils en vol. Mais les tribunaux écartent souvent cette responsabilité aux dépens des riverains.

Le plan d'exposition au bruit

La loi du 11 juillet 1985 relative à l'urbanisation au voisinage des aéroports a instauré les plans d'exposition au bruit (PEB) dont l'objet est de permettre un développement maîtrisé des communes avoisinantes sans exposer de nouvelles populations au bruit engendré dans certaines zones par l'exploitation des aéroports.

Le PEB se présente sous la forme d'une carte géographique qui représente le niveau de gêne sonore dû aux avions tel qu'il est prévu à long terme. Il est établi

sur la base de prévisions d'infrastructures aéroportuaires, et de prévision du trafic aérien. Il définit trois zones en fonction des nuisances sonores auxquelles elles sont exposées : en zone A et B, dites de bruit fort, il est interdit de construire ou de densifier sensiblement l'urbanisation existante. En zone C, seul un habitat diffus peut être développé de façon modérée. Toute construction neuve doit dans cette zone faire l'objet de travaux d'isolation acoustique.
Une fois le PEB approuvé par arrêté préfectoral après enquête publique, ces restrictions à la construction doivent être reprises dans les documents d'urbanisme et s'imposent à tous (art. L. 147-1 et s., C. urbanisme).

À NOTER

Information du locataire *Si vous louez un logement dans une des zones définies par un plan d'exposition au bruit, votre bail doit contenir une clause précisant la zone de bruit dans laquelle se trouve ce logement.*

Cas pratique

Les riverains contre les compagnies aériennes
161 propriétaires de pavillons se plaignent des nuisances sonores provoquées par l'activité des avions basés sur l'aérodrome de Chavenay situé à l'ouest de Paris.
Les riverains fixent leur préjudice en tenant compte du pourcentage de dépréciation affectant leur logement.
Deux experts mandatés par le tribunal se sont livrés à une évaluation du bruit et ont conclu que les nuisances étaient incontestables. Pourtant le tribunal d'instance de Versailles, dans un jugement du 13 septembre 1993, refuse d'allouer une indemnité aux riverains. Il rappelle le principe établi par l'article L. 141-2 du Code de l'aviation civile stipulant que l'exploitant d'un aéronef est responsable de plein droit des dommages causés par l'évolution de l'aéronef, cette responsabilité ne pouvant être écartée que par la preuve de la faute de la victime. Dans cette affaire, les juges considèrent que l'installation d'un pavillon à proximité immédiate d'un aérodrome constitue un risque constitutif d'une faute qui écarte la responsabilité de la compagnie aérienne (TGI Versailles, 13.9.1993).

Les trottoirs et le stationnement

Le mauvais entretien des trottoirs peut causer des troubles de voisinage, voire des accidents. En principe, la municipalité est chargée de cette tâche. Mais le maire peut l'attribuer aux riverains.

Les trottoirs

Les trottoirs sont des dépendances du domaine public réservées à la circulation des piétons. Ils sont réglementés par le Code de la voirie mis en place par la loi du 22 juin 1989 et par le décret du 4 septembre 1989.
Leur entretien est attribué au département ou à la commune. En pratique, cette tâche est assumée par les employés municipaux de la commune.

› Le libre accès des trottoirs

Les occupants des immeubles bordant le trottoir sont tenus de laisser cette voie publique libre aux allers et venues des passants. Ils ne peuvent y planter des arbres, ni y déposer des matériaux et ordures. Le maire est habilité à fixer par arrêté réglementaire les heures de dépôt des poubelles et les heures et jours d'enlèvement des objets encombrants.

› Les travaux de ravalement des immeubles

Le syndic de l'immeuble devra déposer une déclaration de ravalement en mairie. Les services municipaux disposent d'un délai de 1 mois pour étudier le dossier. L'entreprise chargée du ravalement devra respecter les prescriptions édictées par la mairie sur les conditions d'installation de l'échafaudage.

› Le déneigement

Les riverains sont généralement tenus de déneiger le trottoir longeant leur habitation. Les tribunaux reconnaissent au maire le pouvoir de prescrire aux riverains des voies publiques de balayer le trottoir situé devant leur habitation, y compris son déneigement (art. L. 2212-2, al. 1er, C. collectivités territoriales).
Le syndic a la charge d'assumer cette obligation au nom de la copropriété.
Toute négligence est susceptible d'entraîner la responsabilité du propriétaire d'une maison individuelle ou du syndic de l'immeuble (art. 1384, C. civ.).

ATTENTION ⚠

Le déneigement de votre trottoir *Chaque voisin est tenu de déneiger le trottoir sur toute la longueur de la propriété.*

Le stationnement

Le stationnement irrégulier en milieu urbain peut faire l'objet d'amendes et de sanctions pénales. Il risque aussi, dans certains cas, de nuire aux règles de bon voisinage.

› Le stationnement dans une impasse privée

Lorsqu'un véhicule a été laissé dans un lieu privé ou public qui n'est pas réglementé par le Code de la route, le propriétaire des lieux peut demander à l'officier de police judiciaire compétent de faire procéder à l'enlèvement de ce véhicule (art. R. 325-4-7 et s., C. route).
La procédure d'enlèvement doit être précédée d'une lettre recommandée de mise en demeure demandant à l'automobiliste de déplacer le véhicule dans un délai de 8 jours à compter de la date de réception.
Lorsque la personne qui subit le trouble de voisinage connaît le nom et l'adresse du propriétaire du véhicule, il sera facile d'effectuer la formalité de mise en demeure. À défaut de réponse, il lui suffira ensuite de joindre une photocopie de la lettre dans la requête adressée à l'officier de police compétent.
Faute de pouvoir identifier l'automobiliste, le propriétaire des lieux peut demander aux autorités de police de rechercher ses coordonnées dans le registre des immatriculations. Il pourra ainsi procéder à l'envoi de la lettre de mise en demeure préalable à la procédure d'enlèvement.

› Le stationnement dans la cour d'une copropriété

Le règlement de copropriété et le règlement intérieur de l'immeuble fixent les conditions du stationnement des véhicules dans la cour commune de l'immeuble. Tout copropriétaire qui ne respecte pas les dispositions prévues et génère une gêne occasionnelle ou permanente à ses voisins peut être condamné à payer des pénalités au syndic, sous réserve que cette sanction soit prévue dans le règlement de copropriété, et à verser des dommages et intérêts à ses voisins (C. cass., civ. 3e, 17.1.1990, n° 88-16016). Ces obligations s'appliquent aux locataires qui habitent l'immeuble.
Par ailleurs, le syndic peut faire mettre le véhicule gênant en fourrière après avoir envoyé une mise en demeure au propriétaire et en s'adressant à la police (qui recherchera éventuellement l'identité du propriétaire si celle-ci est inconnue et qui donnera l'ordre d'enlèvement).

MON CONSEIL

Discutez avec vos voisins *Entrez en contact avec vos voisins si vous ne pouvez pas accéder à votre parking en raison du stationnement anarchique des véhicules appartenant aux autres copropriétaires. Vous leur demanderez alors de respecter l'accessibilité aux places de parking. Si vous n'obtenez pas gain de cause, adressez-vous au syndic, ce dernier est tenu d'assurer la bonne administration des parties communes dont la cour fait partie. S'il ne réagit pas, vous pouvez engager sa responsabilité devant les tribunaux.*

Cas pratique

Un commerçant dont les locaux sont attenants à mon immeuble fait passer une partie de sa clientèle par la cour commune dudit immeuble, ce qui entraîne des troubles de voisinage pour les autres occupants. Comment réagir ?

Cette pratique constitue un usage abusif de la cour commune de la copropriété.
Si le voisin qui exerce une activité commerciale n'accepte pas à l'amiable de modifier cette situation préjudiciable, il peut être condamné par les tribunaux à cesser cette pratique (TGI Paris, 22.12.1976).

L'affichage, les enseignes commerciales et les antennes

L'apposition de panneaux ou de plaques publicitaires ne doit pas se faire au détriment des personnes qui habitent dans le voisinage.

L'affichage publicitaire

› La loi

Le droit d'affichage publicitaire a été initialement réglementé par la loi du 29 décembre 1979 et par son décret d'application du 24 février 1982. La loi Barnier du 2 février 1995 sur la protection de l'environnement, complétée par le décret du 24 octobre 1996, a renforcé la protection des particuliers.
Ces lois ont été codifiées aux articles L. 581-1 et suivants du Code de l'environnement.

› Les restrictions à l'affichage

• La dimension des panneaux

Les supports publicitaires ne doivent pas encombrer l'environnement. Leur dimension ne doit pas excéder les normes légales :
- dans les communes de 2 000 à 10 000 habitants, la surface des panneaux ne doit pas dépasser 12 m^2 et leur hauteur doit se limiter à 6 m ;
- dans les communes qui dépassent 10 000 habitants, la surface des panneaux est fixée à 16 m^2 pour une hauteur plafonnée à 7,50 m.

Les maires sont habilités à adopter pour leur commune des mesures plus contraignantes.
Dans les communes de moins de 2 000 habitants, les maires ont la possibilité d'imposer la surface des panneaux par arrêté municipal.

• Les lieux de l'affichage

Toute publicité est interdite :
- sur les immeubles classés parmi les monuments historiques ou inscrits à l'inventaire supplémentaire ;
- sur les monuments naturels et dans les sites classés ;
- dans les cœurs des parcs nationaux et les réserves naturelles ;
- sur les arbres.

Hors agglomération, toute publicité est interdite sauf dans des zones dénommées « zones de publicité autorisée ».

À l'intérieur des agglomérations (en dehors des secteurs sauvegardés, parcs nationaux, ou des zones de protection) la publicité est admise si elle respecte les prescriptions de dimension des panneaux et les arrêtés locaux (art. L. 581-1 et s., C. environnement).

● La déclaration au maire

La réalisation, le remplacement ou la transformation des panneaux publicitaires doit faire l'objet d'une déclaration au maire.
Le défaut de déclaration peut faire l'objet d'une amende de 750 €.

● La propriété privée et l'affichage publicitaire

Moyennant contrepartie financière de la part des annonceurs, certains propriétaires acceptent l'affichage de panneaux publicitaires sur leurs bâtiments. L'installation des supports comportant des inscriptions publicitaires doit respecter la loi du 29 décembre 1979. Le maire de la commune où est située la propriété est habilité à préciser les modalités d'affichage résultant de cette législation.
En principe, le bâtiment qui supportera l'affichage doit être situé à l'intérieur de l'agglomération. Hors des limites de la commune, l'autorisation du maire est le plus souvent exigée.

MON CONSEIL

Informez vos voisins *Avant l'installation des panneaux, informez vos voisins de votre projet. Veillez à ce que les inscriptions n'occasionnent pas de trouble anormal de voisinage sinon les voisins pourraient exercer une action en responsabilité à votre encontre.*

› Le règlement local de publicité

Les communes peuvent toutefois déroger au Code de l'environnement en adoptant un règlement local de publicité. Les grandes villes, comme Paris, ont ainsi adopté des règlements spécifiques pour la publicité. Ce règlement peut imposer des règles plus strictes que le Code de l'environnement, mais il peut également être moins contraignant. Le règlement de publicité en général va déterminer plusieurs zones. Les zones de publicité restreinte se verront interdire ou limiter l'installation de panneaux publicitaires, les zones de publicité élargie en revanche pourront voir fleurir des panneaux publicitaires ayant souvent des dimensions bien supérieures à ce qui est prévu par le Code de l'environnement. Un règlement local de publicité peut ainsi autoriser l'emplacement de panneaux publicitaires hors de l'agglomération. On en trouve ainsi régulièrement à proximité de hameaux ou de centres commerciaux.

Les plaques et les enseignes dans une copropriété

Dans un immeuble en copropriété, l'apposition d'enseigne ne doit pas modifier la façade de l'immeuble. Par ailleurs, les allers et venues des clients ne doivent pas entraîner de gêne vis-à-vis des voisins.

› L'immeuble est à usage commercial

Dans un immeuble à usage commercial, les occupants qui exercent une activité commerciale ou une profession libérale sont en principe autorisés à apposer des plaques et enseignes à l'attention de leurs clients. L'apposition de l'enseigne exige en principe une autorisation administrative. Les personnes intéressées ont intérêt à s'adresser à leur mairie.

MON CONSEIL

Relisez votre règlement de copropriété *Avant l'installation de l'enseigne, reportez-vous au règlement de copropriété de l'immeuble. Ce document précise les caractéristiques des enseignes autorisées (dimension, matériaux, emplacement, caractères...). En outre, l'autorisation de l'assemblée générale est parfois exigée lorsque cela modifie la façade de l'immeuble. L'assemblée se prononce dans ce cas à la majorité absolue de tous les copropriétaires (art. 25, loi du 10.7.1965).*

› L'immeuble est à usage mixte

Dans un immeuble qui est à la fois à usage commercial et à usage d'habitation, le règlement de copropriété autorise généralement la pose d'enseignes. Lorsque l'apposition est soumise à autorisation de l'assemblée générale, celle-ci doit motiver les positions prises. Un refus doit être justifié par le trouble au voisinage qui pourrait résulter de l'apposition de l'enseigne notamment dans le cas d'une enseigne lumineuse (C. cass., civ. 3e, 16.3.1988).

› L'immeuble est à usage d'habitation

Les activités commerciales sont interdites, mais l'exercice de professions libérales (médecin, avocat...) y est toléré ainsi que les plaques informant le public de l'exercice de cette activité.
Dans ce cas, le règlement de copropriété détermine les lieux où les plaques et enseignes peuvent être apposées. Il peut contraindre les professionnels à ne mettre leur plaque qu'à l'entrée des appartements.

Cas pratique

En cas de trouble de voisinage causé par l'apposition d'une enseigne lumineuse, un copropriétaire de l'immeuble peut-il demander sa suppression ?
Le panneau d'affichage doit être enlevé lorsque le règlement de copropriété n'a pas été respecté et que l'autorisation de l'assemblée générale n'a pas été demandée. L'action en suppression entamée par l'un des copropriétaires est donc recevable (CA Aix-en-Provence, 10.12.1987).
Le copropriétaire qui prouve le trouble de voisinage peut porter la question à l'ordre du jour de l'assemblée générale qui décidera s'il y a lieu ou non d'autoriser une action en suppression de l'affichage par le copropriétaire lésé.

Les antennes relais

L'installation d'antennes relais (notamment de téléphonie) peut également constituer une nuisance pour les voisins à proximité desquels ces antennes ont été installées. Ils peuvent alors demander leur démontage. Il n'existe pas de texte spécifique, mais la victime peut se prévaloir d'un trouble de voisinage. Les tribunaux saisis d'une telle affaire vont apprécier en fonction des circonstances s'il y a oui ou non troubles de voisinage.

Cas pratique

Peut-on demander la suppression d'antennes relais de téléphonie mobile implantées à proximité d'une habitation ?
Le tribunal de grande instance de Nanterre a répondu positivement à cette question et a condamné Bouygues Télécom à démonter des antennes relais de téléphonie mobile installées sur un pylône de 19 m, ayant la forme d'un arbre, situées à proximité d'une zone d'habitation. Le tribunal a estimé que les personnes habitant à proximité subissaient un trouble de voisinage en raison du risque sanitaire encouru par celles-ci (TGI Nanterre, 18.9.2008).
La pollution visuelle de ces antennes a également été considérée comme un trouble anormal de voisinage dans d'autres affaires (CA Bordeaux, 20.9.2005).

Les nuisances intérieures

➤ Si les bruits de la rue peuvent être dérangeants, d'autres nuisances peuvent également être à l'origine d'une gêne certaine, que l'on soit logé dans un habitat collectif de type copropriété ou que l'on vive dans une zone rurale.

➤ Bruits, odeurs, travaux sont les troubles de voisinage qui sont le plus souvent évoqués lorsqu'il est question de ses relations entre voisins.

➤ Le législateur n'est pas resté insensible à ces questions. Il a fixé des règles qui doivent permettre à chacun de vivre en bonne intelligence avec autrui.

Les travaux et les aménagements dans le logement

Supprimer une cloison ou aménager une véranda peut entraîner des inconvénients pour le voisinage. Le passage des entreprises, le bruit, l'installation de matériel sont autant de nuisances qui, pour être acceptables, ne doivent pas dépasser les inconvénients normaux de voisinage.

Les servitudes privées

Les travaux entrepris doivent respecter les servitudes établies par le Code civil. Le percement d'une fenêtre doit tenir compte des distances légales sur les jours et les vues. De même, les aménagements réalisés sur un mur situé à la limite séparative de deux fonds doivent être conformes aux règles sur la mitoyenneté (voir *La mitoyenneté*, p. 5).

Les dégâts occasionnés chez le voisin peuvent entraîner la responsabilité civile du propriétaire qui a effectué les travaux (art. 1382, C. civ.). Il peut être condamné par le tribunal à verser des dommages et intérêts à son voisin et, le cas échéant, à réparer les dégâts.

Les règles d'urbanisme

Suivant les travaux que vous allez entreprendre, vous allez devoir soit demander un permis de construire, de démolir ou d'aménager, soit faire une déclaration préalable. Dans certains cas, vous n'avez aucune formalité à effectuer au titre du code de l'urbanisme, vérifiez toutefois au niveau local si vous n'êtes pas soumis à des règles spécifiques.

› Les travaux exemptés de formalités

Un certain nombre de travaux ne sont soumis à aucune formalité, vous pouvez les entreprendre sans autorisation ou déclaration préalable.

TRAVAUX EXEMPTÉS DE FORMALITÉS	
Type de travaux	**Code de l'urbanisme**
La construction d'une SHOB (surface hors œuvre brut) inférieure ou égale à 2 m^2 et dont la hauteur est inférieure ou égale à 12 m	Article R. 421-2 et R. 421-13
L'installation d'une éolienne dont la hauteur est inférieure à 12 m (mât + nacelle)	Article R. 421-2 *c*
La construction d'une piscine dont le bassin est inférieur ou égal à 10 m^2, non couverte ou dont la couverture fait moins de 1,80 m de hauteur au-dessus du sol	Article R. 421-2 *d*
La construction d'une serre de moins de 1,80 m de hauteur au-dessus du sol	Article R. 421-2 *e*
La construction d'un mur de moins de 2 m de hauteur hors site classé ou secteur sauvegardé	Article R. 421-2 *f*
La construction d'un mur de soutènement	Article R. 421-3 *a*
La construction d'une clôture, sauf celles situées dans un secteur sauvegardé, dans le champ de visibilité d'un monument historique, dans une zone de protection du patrimoine architectural, urbain et paysager, dans un site inscrit ou site classé, en secteur délimité de plan local d'urbanisme ou en partie commune dont le conseil municipal a décidé de soumettre les clôtures à déclaration ou encore celles nécessaires à l'activité agricole ou forestière	Article R. 421-12
Les travaux d'entretien ou de réparation ordinaire	Article R. 421-13
Les affouillements dont la profondeur est inférieure ou égale à 2 m et dont la superficie est inférieure à 100 m^2	Article R. 421-23 *f*
Les exhaussements dont la hauteur est inférieure ou égale à 2 m et dont la superficie est inférieure à 100 m^2	Article R. 421-23 *f*

MON CONSEIL

Prenez rendez-vous à la mairie *Déplacez-vous dans votre mairie. Vérifiez toutefois auprès de la mairie, si une réglementation locale ne vous impose pas certaines restrictions.*

› Les travaux soumis à déclaration préalable

Vous devez préalablement à certains travaux faire une déclaration en mairie. Ces travaux soumis à déclaration préalable sont prévus par l'article R. 421-9 et suivants du Code de l'urbanisme.
Vous êtes tenus de déclarer notamment à la mairie les travaux suivants.

TRAVAUX SOUMIS À DÉCLARATION PRÉALABLE	
Type de travaux	**Code de l'urbanisme**
La construction d'une SHOB (surface hors œuvre brut) de plus de 2 m² mais inférieure ou égale à 20 m² quelle que soit sa hauteur	Article R. 421-9
La construction d'une SHOB (surface hors œuvre brut) inférieure ou égale à 2 m² mais dont la hauteur est supérieure à 12 m	Article R. 421-9
La construction d'une SHOB (surface hors œuvre brut) inférieure ou égale à 20 m² quelle que soit sa hauteur dans les secteurs sauvegardés, dans les sites classés, les réserves naturelles et les espaces ayant vocation à être classé en parc national	Article R. 421-11
La construction d'une piscine dont le bassin a une superficie inférieure ou égale à 100 m², non couvertes ou dont la couverture fait moins de 1,80 m de hauteur au-dessus du sol	Article R. 421-9 *f*
La construction d'une serre dont la hauteur est comprise entre 1,80 m et 4 m et la surface au sol est inférieure à 2 000 m²	Article R. 421-9 *g*
La construction d'un mur dont la hauteur est égale ou supérieure à 2 m (article R. 421-9 e, Code de l'urbanisme), ou quelle que soit sa hauteur en secteur sauvegardé, site classé, réserves naturelles ou espace ayant vocation à être classé en parc national	Article R. 421-11 *b*
La construction d'une clôture située dans un secteur sauvegardé, dans le champ de visibilité d'un monument historique, dans une zone de protection du patrimoine architectural, urbain et paysager, dans un site inscrit ou site classé, en secteur délimité de plan local d'urbanisme ou en partie commune dont le conseil municipal a décidé de soumettre les clôtures à déclaration ou encore celles nécessaires à l'activité agricole ou forestière	Article R. 421-12
La transformation de 10 m² de SHOB (surface hors œuvre brut) en SHON (surface hors œuvre net)	Article R. 421-17 *g*

TRAVAUX SOUMIS À DÉCLARATION PRÉALABLE	
Type de travaux	**Code de l'urbanisme**
Les changements de destination sans travaux	Article R. 421-17 *b*
Les travaux de ravalement ou modifiant l'aspect extérieur (installation d'un climatiseur)	Article R. 421-17 *a*
Les affouillements dont la profondeur excède à 2 m et dont la superficie est supérieure ou égale à 100 m²	Article R. 421-23 *f*
Les exhaussements dont la hauteur excède 2 m et dont la superficie est supérieure ou égale à 100 m²	Article R. 421-23 *f*

› Travaux soumis à la délivrance d'un permis

Il existe désormais trois catégories de permis :

- le permis de construire ;
- le permis d'aménager ;
- le permis de démolir.

Vous devez obtenir un permis pour les situations suivantes.

TRAVAUX SOUMIS À LA DÉLIVRANCE D'UN PERMIS	
Type de travaux	**Code de l'urbanisme**
La construction d'une SHOB (surface hors œuvre brut) supérieure à 20 m² quelle que soit sa hauteur	Article R. 421-14
La construction d'une éolienne d'une hauteur supérieure à 12 m (mat + nacelle)	Article R. 421-2 *c*
La construction d'une piscine dont la couverture a plus de 1,80 m de haut, quelle que soit la superficie	Article R. 421-2 *e* et R. 421-9 *f*
La construction d'une serre dont la hauteur est supérieure à 4 m	Article R. 421-9 *g*
La modification du volume du bâtiment et le percement ou agrandissement d'une ouverture sur un mur	Article R. 421-14 *c*
Les changements de destination avec travaux modifiant les structures porteuses ou la façade	Article R. 421-14 *b*
Les affouillements dont la profondeur excède à 2 m et dont la superficie est supérieure ou égale à 2 hectares ou supérieure à 100 m² dans les secteurs sauvegardés et dans les sites classés et les réserves naturelles	Articles R. 421-19 *k* et R. 421-20 alinéa 3

TRAVAUX SOUMIS À LA DÉLIVRANCE D'UN PERMIS	
Type de travaux	**Code de l'urbanisme**
Les exhaussements dont la hauteur excède 2 m et dont la superficie est supérieure ou égale à 2 hectares ou supérieure à 100 m² dans les secteurs sauvegardés et dans les sites classés et les réserves naturelles	Articles R. 421-19 *k* et R. 421-20 alinéa 3

À NOTER

Démolitions *Vous devez obtenir un permis de démolition pour les immeubles situés dans les secteurs protégés ou les immeubles eux-mêmes protégés et chaque fois que le conseil municipal décide de soumettre à permis de démolir tout ou partie de la commune.*

› Les formalités

• Les documents à fournir

Des règles spécifiques s'appliquent à chaque demande ou déclaration. Ainsi la demande de permis de construire nécessite notamment la présentation du plan du terrain, un plan de masses, le plan des façades et des toitures une notice permettant d'apprécier l'impact visuel des travaux. Les formulaires à remplir sont disponibles sur le site du ministère de l'Écologie, de l'Énergie, du développement durable et de l'aménagement du territoire. Site Internet : www.urbanisme.equipement.gouv.fr/rubrique.php3. Votre demande de permis de construire ou votre déclaration préalable doit être déposée à la mairie ou adressée à la mairie par courrier avec avis de réception.

À NOTER

Recours à un architecte *Le recours à un architecte est obligatoire pour construire sauf si vous construisez pour vous-même une maison de moins de 170 m².*

› Les délais d'instruction

L'administration a 1 mois pour instruire votre dossier lorsque les travaux sont soumis à une déclaration préalable, 2 mois pour les demandes de permis de démolir et les permis de construire de maison individuelle, 3 mois pour les autres demandes et les permis d'aménager. Si votre dossier n'est pas complet, l'autorité compétente dispose d'un délai de 1 mois pour vous demander de le compléter, elle doit dresser une liste exhaustive des pièces manquantes. Vous avez alors 3 mois pour lui faire parvenir. Si vous ne les présentez pas dans ce délai, votre demande sera rejetée tacitement.

À NOTER

Affichage *Les formalités d'affichage concernant le permis de construire permettent aux voisins de prendre connaissance des travaux envisagés dès l'instruction du dossier. Ils peuvent à tout moment intervenir auprès de l'administration pour notifier les troubles de voisinage qui peuvent résulter des aménagements prévus. Le cas échéant, ils sont en droit de contester le bien-fondé du permis et de porter le litige devant le tribunal administratif dans les 2 mois de l'ouverture du chantier. Si par exemple le bâtiment en cours de construction par sa proximité avec la propriété contiguë ne permet pas le respect des distances légales en matière de jour et de vue, le voisin lésé par cette situation peut exercer un recours administratif. Cette procédure peut prendre la forme soit d'un recours gracieux exercé auprès de l'auteur de la décision, soit d'un recours hiérarchique adressé au préfet du département.*

Si cette procédure s'avère inefficace, il est possible d'exercer un recours contentieux devant le tribunal administratif dans le ressort duquel est situé le bâtiment objet du litige.

À toutes les étapes de ces procédures, le titulaire du permis du construire aura à prouver la conformité de ce titre à la loi. L'assistance d'un avocat est conseillée.

Les travaux en copropriété

Tout copropriétaire a un droit exclusif sur les parties privatives de son logement. Cependant certains travaux dans la copropriété sont soumis à autorisation de l'assemblée générale.

› Les aménagements intérieurs

Tout copropriétaire est libre de réaliser les aménagements nécessaires sur les murs, sols et plafonds.

• Le revêtement du sol

Le règlement de copropriété limite parfois, pour des raisons d'insonorisation, les possibilités de modifier le revêtement du sol. Il est utile de se renseigner auprès du syndic pour connaître les matériaux autorisés. Si l'immeuble a été construit après 1970, il faut respecter les normes fixées par l'arrêté du 14 juin 1969. Dans tous les cas, il faut veiller à ne pas dégrader la qualité acoustique initiale.

Cas pratiques

Changement de moquette

• Les locataires d'un appartement avaient décidé de changer la moquette d'origine contre un parquet posé sur le sol. Le voisin du dessous porte l'affaire devant le tribunal. Le juge a considéré que la qualité acoustique initiale s'était dégradée. Il a condamné les locataires à effectuer les travaux nécessaires au rétablissement du niveau sonore d'origine et à payer aux voisins 30 000 F (4 573 €) de dommages et intérêts pour trouble de jouissance (CA Paris, 2.5.1983).

• De même, la propriétaire d'un lot situé au sixième étage d'un immeuble en copropriété avait remplacé la moquette de la salle de séjour par du parquet flottant et fait poser dans la cuisine des carreaux de céramique doublés de liège. Ces travaux étaient conformes aux normes réglementaires mais les nouveaux revêtements entraînaient un niveau sonore supérieur aux isolants d'origine. La Cour de cassation a considéré dans cette affaire que le copropriétaire n'avait pas respecté la tranquillité de ses voisins et sa responsabilité a été mise en cause (C. cass., civ. 3e, 15.1.2003).

Les cloisons

Avant de supprimer une cloison ou au contraire de construire une nouvelle séparation, le copropriétaire a intérêt à solliciter l'avis de l'architecte de l'immeuble afin de s'assurer que les travaux sont compatibles avec la structure du bâtiment. La construction d'une nouvelle cloison risque de compromettre la solidité du plancher et d'endommager le plafond du voisin du dessous.

ATTENTION ⚠

Suppression d'une cloison *La suppression d'une cloison portant sur un mur porteur peut modifier les parties communes de l'immeuble. Cet aménagement exige la majorité absolue des voies de tous les copropriétaires (art. 25, loi du 10.7.1965).*

MON CONSEIL

Informez syndic et voisins *Avant de commencer les travaux, consultez le syndic pour l'informer de votre projet. Prenez aussi contact avec votre voisin du dessous et indiquez-lui la durée approximative du chantier. Veillez à ce que les entreprises chargées des travaux prennent les précautions utiles pour réduire la gêne causée au voisinage.*

Fenêtres et balcons

Le règlement de copropriété impose souvent l'utilisation de mesures destinées à assurer l'harmonie de l'immeuble (style des balustrades, couleur de la peinture...). Le non-respect de ces dispositions pourrait constituer un trouble d'ordre esthétique. Les autres copropriétaires seraient alors fondés à réclamer la remise en état de ces équipements en conformité avec le règlement de copropriété.

› Les travaux concernant les parties communes

Lorsque les travaux prévus sur le logement privatif d'un copropriétaire affectent les parties communes de l'immeuble (transformation d'un balcon en loggia par exemple), l'autorisation de l'assemblée générale des copropriétaires est exigée (art. 25, loi du 10.7.1965). À défaut d'accord de l'assemblée, l'autorisation peut être demandée au juge du tribunal de grande instance du lieu où se situe l'immeuble. Le juge, avant de se prononcer, vérifiera que les travaux ne sont pas contraires à la destination de l'immeuble et n'occasionnent pas de troubles aux voisins.

Les juges ont considéré que la mise en place d'un local à poubelle dans un immeuble en copropriété, suite à une décision de l'assemblée générale des copropriétaires et après obtention d'un permis de construire, est un acte légal. Le propriétaire du rez-de-chaussée qui n'apporte pas la preuve que l'usage du local à poubelle entraîne un trouble anormal de voisinage, ne peut prétendre à indemnisation (C. cass., civ. 3e, 12.2.2003).

ATTENTION ⚠

Procédure *Vous ne pouvez pas saisir directement le juge si vous n'avez pas auparavant demandé l'autorisation de l'assemblée générale. En l'absence d'autorisation, il n'est pas de votre intérêt d'entreprendre les travaux. Le syndic peut vous mettre en demeure d'interrompre le chantier et de remettre les lieux en l'état. Les copropriétaires peuvent par ailleurs décider d'engager contre vous une action devant le tribunal de grande instance. L'action portera alors sur l'arrêt des travaux et la démolition des ouvrages déjà réalisés.*

La servitude de cour commune

Certains bâtiments comportent une cour intérieure réservée à l'usage des habitants de l'immeuble. Pour assurer les bonnes conditions d'hygiène et de salubrité des constructions édifiées autour de cet espace commun, l'administration impose souvent une servitude de cour commune aux habitants de l'immeuble.

La définition

La servitude de cour commune entraîne une interdiction de bâtir sur tout ou partie de l'espace du sol entourant un ou plusieurs bâtiments, ou de surélever une construction au-delà d'une certaine hauteur fixée par l'administration (art. L. 471-1 et 471-2, C. urbanisme).
Elle est souvent associée à une servitude de prospect. La servitude de prospect a pour vocation d'assurer un champ visuel étendu aux personnes habitant les immeubles voisins tout en préservant leur ensoleillement.

La création de la servitude

La servitude de cour commune peut être instituée :
- pour de simples raisons d'agrément. Dans ce cas, les voisins intéressés signent entre eux une convention obligatoirement passée devant notaire en la forme authentique ;
- par décision de l'administration qui conditionne la délivrance d'un permis de construire à la conclusion d'une servitude de cour commune.

À défaut d'accord avec son voisin, le propriétaire qui entreprend les travaux de construction doit porter le litige devant le président du tribunal de grande instance du lieu de la situation des parcelles. Le magistrat procède à l'audition des voisins parties au conflit, et rend une ordonnance en tenant compte des arguments avancés par l'administration. Le bénéficiaire de la servitude aura à verser des indemnités au propriétaire du fonds grevé par la servitude. Le montant des indemnités est fixé par le juge après expertise.

ATTENTION ⚠

Publication au bureau des hypothèques *La servitude de cour commune, qu'elle soit établie à l'amiable par deux voisins ou instituée par voie judiciaire, doit être publiée au bureau des hypothèques. Cette formalité de publicité foncière rend la servitude opposable au tiers.*

Les effets de la servitude de cour commune

La servitude de cour commune a pour effet de grever une partie du terrain voisin d'une interdiction de construire ou de dépasser une certaine hauteur.

Le bruit

Le bruit constitue aujourd'hui un des troubles de voisinage les plus fréquents. Selon une enquête nationale de l'INSEE, il concerne aujourd'hui environ 40 % de la population. Environ 100 000 plaintes sont déposées chaque année auprès des préfectures de police. Selon la nature et l'intensité du bruit, les voisins qui subissent cette nuisance ont à leur disposition une palette de recours amiable et judiciaire appropriés.

Les bruits de voisinage

› Les bruits intérieurs

Les nuisances acoustiques du voisinage concernent les bruits inutiles ou agressifs de la vie quotidienne provoqués par les comportements désinvoltes des voisins ou par les animaux dont ils ont la garde, ou par l'intermédiaire d'appareils ou installations bruyantes. Selon la jurisprudence, sont considérés comme bruits de voisinage sans que cette liste soit limitative :

- les talons, claquements de porte, cris, conversations à voix forte ;
- les jeux bruyants pratiqués dans des locaux inadaptés ;
- la pratique d'un instrument de musique ;
- la diffusion du son et de la musique, télévision, hi-fi ;
- le bruit provenant d'appareils électroménagers ;
- le bruit provenant des équipements de ventilation et de climatisation individuels, non liés à une activité professionnelle et commerciale ;
- les travaux de bricolage.

Pour être condamnables, les troubles doivent être considérés comme anormaux ou excessifs. Ils doivent excéder les inconvénients normaux de voisinage.

Cas pratique

Bruits de volets

Les troubles constitués par des claquements de volets métalliques et des bruits de moteur excédaient les inconvénients normaux du voisinage non pas en raison de leur nature mais parce qu'ils étaient occasionnés de manière excessive et sans nécessité pour leur auteur qui, notamment, faisait claquer violemment ses volets à 6 h 30 le matin, de telle façon qu'il troublait le sommeil de sa voisine et des enfants dont celle-ci avait la charge en sa qualité d'assistante maternelle et de mère de famille, ou laissait tourner le moteur de sa voiture même en été (CA Agen, 16.1.2001).

La réglementation

La lutte contre les bruits de voisinage est placée sous la responsabilité du maire de la commune. Les mesures préventives sont celles issues du pouvoir de police administrative. Le maire est habilité à prendre des arrêtés préfectoraux et municipaux ayant pour objet d'édicter des dispositions particulières pour réglementer certaines activités bruyantes en vue d'assurer le respect de la tranquillité publique.

Si l'article R. 623-2 du Code pénal sanctionne le tapage nocturne par une contravention de 3e classe, c'est le Code de la santé publique qui définit ce trouble et sanctionne l'auteur de bruit de voisinage.

L'article R. 1334-31 du Code de la santé publique prévoit ainsi qu' « *aucun bruit particulier ne doit, par sa durée, sa répétition ou son intensité, porter atteinte à la tranquillité du voisinage ou à la santé de l'homme, dans un lieu public ou privé, qu'une personne en soit elle-même à l'origine ou que ce soit par l'intermédiaire d'une personne, d'une chose dont elle a la garde ou d'un animal placé sous sa responsabilité* ».

Aucune distinction n'est faite dans le Code de la santé publique suivant l'heure à laquelle le bruit est émis. Le tapage diurne n'est pas plus autorisé que le tapage nocturne.

Les textes ne prévoient pas de seuil ou de mesures acoustiques pour les bruits liés au comportement des personnes. Ce n'est pas le nombre de décibels produit qui caractérise le trouble de voisinage, mais la gêne qui découle de ce bruit. Si de jour comme de nuit, le bruit peut être sanctionné, l'appréciation ne sera toutefois pas la même suivant l'heure à laquelle le bruit est émis. Ce qui peut être concevable de jour, peut ne pas l'être en pleine nuit.

L'auteur de l'infraction encourt une peine d'amende dont le montant peut aller jusqu'à 450 € (contravention de 3e classe) (art. R. 1334-31 et R. 1337-7, C. santé publique).

En revanche, pour les bruits provenant d'une activité professionnelle, le trouble de voisinage est établi lorsque les bruits dépassent un certain seuil constaté par une mesure acoustique. La peine encourue est une contravention de 5e classe (1 500 € d'amende).

Cas pratique

Atteinte à la tranquillité de l'immeuble

L'article 1728 du Code civil impose au preneur d'user du logement en bon père de famille et de veiller à la jouissance paisible des lieux. Une locataire qui reçoit chez elle plus de dix hommes par jour et se livre jour et nuit à des débats amoureux sonores qui nuisent à la tranquillité des voisins, commet une faute grave. Son comportement justifie son expulsion ainsi que la résiliation du bail. Jusqu'à son départ effectif, la locataire a été condamnée à payer une indemnité mensuelle d'occupation égale au montant du loyer et des charges et à acquitter une somme de 2 000 F (305 €) à la SA Cité Nouvelle, gestionnaire de l'immeuble où elle habitait (TI Saint-Étienne, 28.11.2000).

Les cas spécifiques

Instruments de musique

La pratique excessive d'instruments de musique constitue un trouble de voisinage passible des sanctions prévues par l'article R. 1334-31 du Code de la santé publique. Les tribunaux condamnent régulièrement l'auteur des nuisances sonores à indemniser ses voisins.

MON CONSEIL

Prenez contact avec votre voisin *Cherchez ensemble des solutions de bon sens. Convenez d'horaires précis où l'instrument pourra être pratiqué. Demandez à votre voisin d'installer sous les pianos et clavecins des plots antivibratiles qui réduisent la transmission du son. Enfin, vous pouvez suggérer à votre voisin d'organiser les répétitions qui s'étalent dans le temps dans des lieux extérieurs à l'immeuble.*
Si votre voisin est peu conciliant, mieux vaut fixer par écrit les termes de l'accord. Le juge des référés peut donner à cet arrangement un caractère contraignant. Il a été notamment consigné dans une ordonnance de référé « que l'utilisateur d'un piano acceptait de limiter son activité artistique à 2 heures par jour et que la sourdine devait être utilisée au moins 1 heure par jour. À chaque fin de semaine, le plaignant devait être informé par écrit des horaires de la pratique de l'instrument » *(ordonnance de référé du TGI).*

Cas pratiques

- Les voisins des appartements du 4e et du 6e étage étaient gênés par un pianiste habitant le 5e. Sur la foi des attestations produites aux débats et sans que le tribunal ait demandé une expertise, le pianiste a été condamné à verser 2 000 F (305 €) à un demandeur et 5 000 F (762 €) à l'autre (TI Paris 15e, 18.4.1984).
- Les parents d'un garçon de 11 ans qui apprenait à jouer du cornet à piston ont été condamnés à verser 3 000 F (457 €) de dommages et intérêts à leur voisin du dessous. Par ailleurs, le tribunal a ordonné aux parents soit d'insonoriser leur appartement, soit d'utiliser un garage comme salle de répétition (CA Lyon, 23.12.1980).

Appareils ménagers

L'article L. 571-2 du Code de l'environnement prévoit que les fabricants et vendeurs de matériels bruyants sont tenus de prendre des mesures appropriées en vue de réduire la gêne acoustique. Il n'existe toutefois pas de normes acoustiques impératives pour les appareils électroménagers. Les nuisances qui découlent de l'utilisation fréquente d'appareils ménagers bruyants sont par ailleurs passibles des sanctions prévues par l'article R. 1337-7 du Code de la santé publique.
En outre, le règlement de copropriété peut prévoir des dispositions visant à réduire la gêne sonore. Les copropriétaires sont tenus de se conformer à ses prescriptions.

MON CONSEIL

Prenez contact avec votre voisin *Informez-le de la gêne subie. Demandez-lui de bien vouloir éloigner des murs les appareils bruyants afin de réduire les vibrations et suggérez-lui d'installer des supports de caoutchouc sous les appareils. Si nécessaire, consignez par écrit les modalités de cet arrangement.*

Cas pratique

Une copropriétaire qui bricolait à toute heure du jour et de la nuit a été condamnée à payer une indemnité à ses voisins ainsi qu'à équiper ses appareils de dispositifs empêchant la transmission des vibrations. De telles mesures étaient par ailleurs prévues dans le règlement de copropriété (CA Rennes, 26.6.1986).

Les activités artisanales exercées dans l'immeuble

L'article 6 de la loi du 31 décembre 1992 relative à la lutte contre le bruit prévoit que les entreprises privées ou publiques qui exercent des activités bruyantes à titre temporaire ou permanent sont soumises à autorisation administrative. Cette autorisation est délivrée à condition que les entreprises précisent les mesures d'isolation phonique qu'elles ont adoptées.

Les arrêtés municipaux et préfectoraux réglementent aussi dans les grandes villes l'utilisation de matériels bruyants par les entreprises exerçant une activité artisanale ou réglementaire ainsi que les horaires de livraison.

Enfin, si l'activité est installée dans l'immeuble d'habitation, elle doit être conforme au règlement de copropriété.

MON CONSEIL

Contactez le commerçant *Recherchez avec lui les solutions techniques satisfaisantes. La consultation d'un spécialiste acoustique peut s'avérer utile. Rendez-vous à la mairie avec l'auteur des nuisances pour vérifier les mesures prises par le maire dans la localité où vous habitez : horaires de livraison, aménagements des voies d'accès.*

Cas pratique

La cour d'appel de Rennes a ordonné à une entreprise de ne pas laisser stationner des camions frigorifiques sur une aire située à proximité des habitations le dimanche et les jours fériés ainsi que les jours ouvrables de 20 h à 7 h sous astreinte de 10 000 F (1 524 €) par camion (CA Rennes, 10.6.1986).

Animaux domestiques

La possession d'un animal de compagnie ne peut être interdite dans un local d'habitation. Toute clause du règlement de copropriété limitant les droits du détenteur de l'animal domestique serait déclarée abusive (loi du 9.7.1970).

L'animal ne doit pas cependant causer de dégâts ou entraîner dans l'immeuble un trouble de jouissance pour les autres occupants.

Si le détenteur d'un chien, à l'origine d'aboiements gênants, est locataire, le ou les voisins gênés doivent s'adresser à son propriétaire en vue d'obtenir la cessation du trouble. En l'absence de solution amiable permettant de réduire les nuisances et si les aboiements persistent, le bail du locataire pourra être dénoncé.
Cette action peut être justifiée par le non-respect des obligations du locataire d'user de la chose louée en bon père de famille (art. 1728 et 1729, C. civ.).
Si le détenteur du chien est copropriétaire, c'est auprès du syndic que la plainte doit être adressée. Le syndic est habilité à agir pour abus de jouissance des parties communes.

MON CONSEIL

Contactez votre voisin *Informez-le que les aboiements de son chien vous gênent. Suggérez-lui de s'adresser à un vétérinaire ou pharmacien pour trouver des solutions pratiques réduisant les nuisances (collier anti-aboiement, gardiennage de l'animal en dehors de l'immeuble). Si votre voisin n'applique aucune de ces mesures, vous pouvez contacter le service communal d'hygiène et de santé qui pourra effectuer le constat des nuisances.*

Cas pratiques

- Un restaurateur propriétaire de deux chiens qui aboyaient de 10 h à 22 h presque continuellement a été condamné à 4 000 F (609,80 €) de dommages et intérêts après constat des troubles occasionnés (TI Palaiseau, 27.3.1985).
- Après avoir constaté que les aboiements intempestifs d'un fox-terrier troublaient le calme du quartier, le propriétaire du chien a été condamné à verser au plaignant 8 000 F (1 219 €) de dommages et intérêts et 1 300 F (180 €) d'amende (TP Dôle, 2.7.1992).
- Un chien pitbull qui avait été laissé en liberté dans le jardin privatif de son maître sans protection suffisante, a agressé plusieurs personnes. Son propriétaire est considéré comme coupable d'homicide et blessures involontaires au motif qu'il n'a pas respecté le règlement municipal sur la garde et la circulation des chiens dangereux (CA Paris, ch. corr., 25.2.2000).

Les chiens dangereux

Les chiens susceptibles d'être dangereux ne peuvent être détenus par des personnes que sous certaines conditions qui sont fixées par les articles L. 211-12 et suivants du Code rural. Les chiens visés sont les chiens d'attaque (Pitbulls, Boer-bulls, Tosa) et les chiens de garde et de défense. Les éléments de reconnaissance de ces chiens figurent en annexe de l'arrêté du 27 avril 1999.
Tout propriétaire ou détenteur d'un chien de cette catégorie doit être en possession d'un permis de détention délivré par la mairie de son domicile.
Ce permis est subordonné à la production de différentes pièces. Le propriétaire du chien doit présenter les pièces justifiant de :
- l'identité du chien ;
- la vaccination antirabique du chien en cours de validité ;
- la stérilisation par un certificat vétérinaire de stérilisation pour les chiens d'attaque mâles et femelles ;

- l'assurance responsabilité civile du propriétaire du chien ;
- l'obtention de l'attestation d'aptitude sanctionnant une formation portant sur l'éducation et le comportement canins, ainsi que sur la prévention des accidents ;
- l'évaluation comportementale du chien.

Cette évaluation est réalisée dans le cadre d'une consultation vétérinaire. Le vétérinaire doit apprécier le danger potentiel que peut représenter un chien. Il va ensuite classer le chien selon 4 niveaux de dangerosité, le niveau 4 étant le niveau le plus élevé. Des mesures préventives sont préconisées afin de diminuer la dangerosité du chien.

Le vétérinaire communique ensuite au maire de la commune où réside le propriétaire du chien les conclusions de l'évaluation comportementale.

À NOTER

Le chien classé au niveau de risque 4 *Le vétérinaire informe son propriétaire ou son détenteur qu'il lui est conseillé de placer l'animal dans un lieu de détention ou de faire procéder à son euthanasie.*

Le maire peut délivrer un permis provisoire si le chien n'a pas atteint l'âge auquel l'évaluation doit être réalisée.

En cas de défaut de permis de détention et après mise en demeure du propriétaire par le maire ou le préfet de régulariser sa situation dans un délai qui ne peut excéder 1 mois, il pourra être ordonné le placement de l'animal et éventuellement son euthanasie.

L'accès aux transports en commun, aux lieux publics et aux locaux ouverts au public ainsi qu'aux parties communes des immeubles collectifs sont interdits aux chiens d'attaque.

Sur la voie publique, dans les parties communes des immeubles collectifs, les chiens d'attaque ainsi que les chiens de garde et de défense doivent être muselés et tenus en laisse par une personne majeure.

Quelle que soit la catégorie à laquelle le chien appartient, s'il présente un danger grave et immédiat en raison notamment des modalités de sa garde, le maire de la commune, ou à défaut le préfet, peut demander à un vétérinaire agréé une évaluation du comportement du chien. Il peut également obliger le propriétaire à prendre un certain nombre de mesures (muselière, laisse, obligation de formation pour le maître du chien). Si le propriétaire ne modifie pas sa façon de faire, l'animal pourra être placé en fourrière et dans les cas extrêmes, euthanasié.

› Les bruits extérieurs

Les tondeuses à gazon

Est considéré comme tondeuse à gazon tout appareil à moteur conçu pour l'entretien par coupe des surfaces enherbées d'agrément, de loisirs et de sports (art. 1er, arrêté du 17.6.1987 relatif au niveau sonore admissible des tondeuses à gazon). Ces appareils sont munis de dispositifs visant à réduire le bruit à la source. Lorsque la tondeuse comporte le sigle « NF », des contrôles peuvent être effectués par les autorités administratives pour surveiller la conformité des appareils aux prescriptions légales.

La mairie ou la préfecture impose généralement des horaires pour l'utilisation des appareils de jardinage et de bricolage. En général, leur utilisation est autorisée les jours ouvrables de 8 h 30 à 19 h et les dimanches et jours fériés de 10 à 12 h.
Par ailleurs, le règlement de copropriété peut fixer contractuellement les obligations des occupants de l'immeuble.

MON CONSEIL

Demandez à votre voisin de vérifier le niveau sonore de la tondeuse *Le cas échéant, demandez-lui d'adapter des dispositifs antibruit, voire de changer d'appareil. Dans tous les cas, rappelez-lui qu'il n'est pas autorisé à tondre la pelouse en dehors des horaires réglementaires. Faute d'accord, alertez le service communal d'hygiène et de santé qui procédera à la mesure de l'émergence du bruit.*

Établissements diffusant de la musique

Les établissements recevant du public, et diffusant à titre habituel de la musique amplifiée, doivent limiter le niveau sonore à l'intérieur des bâtiments et effectuer les travaux d'isolation acoustique en vue de protéger les maisons mitoyennes (art. 1 et 3, décret du 15.12.1998 sur le bruit).
Le bruit perçu ne peut être supérieur à un certain niveau apprécié là aussi en fonction du bruit ambiant habituel. Si l'isolement du local est insuffisant pour respecter le niveau de bruit admis, un appareil limitant la pression acoustique doit être mis en place.
Enfin, le propriétaire du dancing ou de la discothèque, le restaurateur ou le tenancier doivent établir avec l'aide d'un acousticien une étude détaillée de l'impact des nuisances sonores produites par l'établissement.

MON CONSEIL

Contactez le responsable de l'établissement *Demandez-lui de vérifier si les normes légales de protection contre le bruit sont bien respectées. S'il ne réagit pas, alertez le maire qui s'adressera aux services d'hygiène de la DASS (Direction des affaires sanitaires et sociales). Un procès-verbal des nuisances pourra alors être dressé.*

Cas pratique

La commune de Vimy a été condamnée à payer 60 000 F (9 146,94 €) de dommages et intérêts à un couple de voisins de la salle des fêtes en raison des troubles occasionnés par son fonctionnement (TA Lille, 2e, 7.5.1986).

• Les fêtes musicales – *rave party*

Les rassemblements musicaux sont réglementés par l'article 23-1 de la loi n° 95-73 du 21 janvier 1995 et le décret d'application n° 2002-887 du 3 mai 2002, modifié par le décret n° 2006-334 du 21 mars 2006.

Le dispositif législatif

Les *rave party* sont définies comme des rassemblements à caractère festif et musical réunissant plus de 500 personnes dans des espaces privés qui ne sont pas aménagés. Ces rassemblements qui donnent lieu à la diffusion de musique amplifiée doivent être distingués des simples fêtes de villages ou des organisations de jeux et de loteries (art. 1er, décret du 3.5.2002).

Les *rave party* peuvent entraîner de nombreux inconvénients pour le voisinage : détérioration des propriétés, bris de clôture, stationnement anarchique de véhicules, nuisances sonores... Pour réduire ces troubles, le législateur a souhaité encadrer l'organisation de ces fêtes.

Pour éviter l'occupation sauvage des terrains privés, la loi impose à l'organisateur de déclarer le rassemblement musical auprès du préfet du département au moins un mois avant la date du concert. Le dossier de déclaration doit préciser les mesures prises pour garantir la sécurité, la salubrité, l'hygiène et la sécurité publique. Elle doit être accompagnée de l'autorisation du propriétaire d'occuper son terrain (art. 2, décret du 3.5.2002).

À défaut de déclaration, le préfet peut interdire le rassemblement. Si la *rave party* a lieu malgré cette interdiction, la police peut procéder à la saisie du matériel, à titre conservatoire, pour une durée maximum de 6 mois. Le tribunal compétent peut ensuite prononcer la confiscation définitive du matériel ainsi qu'une amende pénale de 1 500 € à l'encontre des organisateurs et une suspension du permis de conduire pour une durée maximale de 3 ans.

L'engagement de bonnes pratiques

Les organisateurs peuvent souscrire « un engagement de bonnes pratiques » qui leur permet de bénéficier d'un régime plus favorable de la part des autorités. En contrepartie, elles doivent notamment justifier de la souscription d'une assurance responsabilité civile, et d'une déclaration auprès des services fiscaux et de la SACEM (société des auteurs compositeurs et éditeurs de musique). Le régime qui est alors applicable est celui des organisateurs de concerts et de spectacles (art. 2 et 7, décret du 3.5.2002).

Les recours du voisinage

Lorsque la *rave party* a détérioré les propriétés du voisinage, les personnes lésées peuvent faire constater les dommages par les officiers de police judiciaire. Ceux-ci sont habilités à établir un procès-verbal des lieux et à identifier les auteurs des dégâts.

Les personnes qui ont subi des dommages peuvent porter plainte auprès du procureur de la République. Lorsque la plainte est jugée recevable, l'organisateur de la *rave party* peut faire l'objet d'une condamnation pénale. En outre, lorsqu'il y a dommages aux biens, le propriétaire concerné peut engager la responsabilité civile de l'organisateur sur la base de l'article 1382 du Code civil. Si cet organisateur a souscrit un contrat d'assurance couvrant sa responsabilité civile, c'est l'assureur qui se chargera d'indemniser le préjudice subi.

• Les nuisances résultant d'un chantier

Lorsqu'un chantier de démolition entraîne des nuisances importantes au voisinage, le maître d'œuvre commanditaire des travaux est tenu d'indemniser les voisins lésés conjointement avec l'entrepreneur chargé du chantier (C. cass., 24.4.2003). De la même façon, un chantier qui entraîne des nuisances sonores ainsi que divers désagréments dans la vie quotidienne des voisins constitue un trouble de voisinage donnant droit à réparation (C. cass., civ. 3e, 17.12.2002).

La carte de bruit et les plans de prévention

Le bruit émis dans les grandes agglomérations (100 000 habitants et plus) et aux abords des principales infrastructures de transport (routières, autoroutières et ferroviaires) doit être évalué dans une « carte de bruit » établie par le préfet ou par les communes concernées.
La carte de bruit indique les données relevées par les indicateurs de niveau sonore. Elle fait l'objet de révision au moins tous les 5 ans et doit permettre d'évaluer l'évolution de cette nuisance. Les données sont rendues publiques.
Les plans de prévention ont pour objectifs :
de réduire les niveaux de bruit ;
de protéger les zones calmes.
Les projets font l'objet d'une consultation du public.
Les agglomérations de plus de 250 000 habitants sont tenues d'établir, depuis le 30 juin 2007, une carte du bruit, pour les villes de moindre importance, elles ont jusqu'en 2013 pour l'établir. Plusieurs grandes villes comme Paris et Lyon ont d'ores et déjà établi cette carte du bruit, d'autres sont sur le point de la finaliser. Pour savoir si votre agglomération a publié cette carte, vous devez prendre contact avec votre mairie.
Les plans de prévention doivent, en principe, être mis en place depuis le 30 juin 2008 pour les agglomérations de plus de 250 000 habitants et au plus tard en 2012 ou 2013 pour les autres (art. L. 572-1 et s., C. environnement).

Les odeurs

Les nuisances olfactives occasionnelles ou permanentes (odeurs) provenant des propriétés et entreprises contiguës entraînent dans certains cas des troubles de voisinage qui peuvent être indemnisés.

La réglementation

› En milieu rural

Les installations contenant des animaux vivants

Le règlement sanitaire départemental type stipule que : « *sans préjudice des dispositions réglementaires les concernant, les installations doivent être maintenues constamment en bon état de propreté et d'entretien. Elles sont désinfectées aussi souvent que nécessaire ; les fumiers doivent être évacués autant que de besoin pour ne pas incommoder le voisinage* » (art. 26, al. 3 et 4, du règlement sanitaire type, annexé au Code général des collectivités territoriales).

Les installations classées

La loi du 19 juillet 1976 relative aux installations classées prévoit que « *les ateliers, dépôts, chantiers, et d'une manière générale, les installations exploitées ou détenues par toute personne physique ou morale, publique ou privée qui peuvent présenter des dangers ou des inconvénients, soit pour la commodité du voisinage, soit pour la santé, la sécurité, la salubrité publique, soit pour l'agriculture, la protection des sites et l'environnement* », doivent respecter les mesures légales de protection des riverains. Le maire est habilité à intervenir pour s'assurer du respect des dispositions légales et à faire cesser les troubles qui résultent des manquements à la réglementation.

› En milieu urbain

Dans les immeubles en copropriété, le syndic a pour mission de veiller à l'application du règlement de copropriété et peut prévenir et sanctionner les troubles de jouissance résultant des manquements aux règles d'hygiène ou aux prescriptions concernant les installations de cuisines ou les équipements sanitaires (hottes aspirantes, dispositifs d'aération, ramonage des cheminées).

Un règlement au cas par cas

Les nuisances olfactives étant d'une appréciation délicate, la jurisprudence définit les critères qui permettent aux personnes subissant cette nuisance d'exercer un recours contre l'auteur du trouble.

› Les odeurs d'animaux

Un particulier qui avait installé dans sa propriété un élevage d'animaux, entraînant pour le voisinage bruits et odeurs dépassant les troubles normaux de voisinage dans un quartier résidentiel, a été condamné à dédommager ses voisins (C. cass., civ. 2e, 22.1.1970).

› Les odeurs de peinture

Les odeurs et fumées provenant d'un atelier de réparation mécanique situé dans le voisinage constituent un trouble anormal pour le propriétaire d'une maison implantée à proximité (CA Rennes, 10.11.1992).

› Les odeurs liées aux produits d'alimentation

L'installation d'une rôtisserie à volaille sur le trottoir par un boucher dans une zone à forte densité commerciale n'a pas été jugée constitutive d'un trouble anormal de voisinage (CA Versailles, 22.10.1986).

› La constatation de l'infraction

En l'absence de normes objectives sur l'évaluation de la nuisance olfactive, il peut être utile de faire dresser par huissier un premier constat de la situation. Sur la demande du voisin lésé, la préfecture de police peut aussi mandater un inspecteur de la salubrité des services de la protection sanitaire afin de constater le trouble.
En cas d'action devant le tribunal (voir *Comment faire cesser les troubles de voisinage ?*, p. 97), le juge pourra désigner un expert afin de déterminer l'origine du trouble.

› La cessation du trouble

Le juge peut ordonner la cessation du trouble et imposer au contrevenant des dispositifs visant à limiter les émanations olfactives.
Des dommages et intérêts peuvent être attribués au voisin qui a subi les nuisances.

MON CONSEIL

Un barbecue sur son balcon *En principe, installer un barbecue dans son jardin ou sur son terrain n'est pas interdit. L'usage d'un barbecue ne peut en effet être à l'origine d'un trouble anormal de voisinage. Les nuisances occasionnées dépendent d'éléments aléatoires (du sens du vent par exemple). Elles ne procèdent pas en général d'une intention de nuire de la part du voisin. Toutefois l'utilisation permanente de ce type d'appareils pourrait constituer un trouble anormal de voisinage (CA Caen, 10.3.1994).*
Le seul fait d'activer le barbecue avec l'intention manifeste de nuire aux voisins constitue un abus de droit. Dans une telle situation, les personnes mal intentionnées ont été condamnées à payer à leurs voisins volontairement enfumés 4 000 € de dommages et intérêts (CA Caen, 21.2.2002).

Comment faire cesser les troubles de voisinage ?

Les recours contre les nuisances quotidiennes

➤ Le voisin qui subit des nuisances dispose d'un large éventail de recours amiables qui sont souvent suffisants pour régler les litiges.

➤ Faute d'accord, il peut agir en justice au moyen de procédures rapides qui n'exigent pas l'assistance d'un avocat.

➤ Dans cette éventualité, il est important de constituer des preuves attestant du comportement du voisin.

L'appréciation du trouble de voisinage

Le trouble de voisinage n'est sanctionné par les tribunaux que s'il dépasse certaines limites et excède les inconvénients normaux de voisinage. Chacun doit en effet supporter les bruits ou les odeurs émis par son voisin sous réserve que ce trouble ne soit pas anormal. Pour chaque litige, les tribunaux tiennent compte des circonstances, de l'environnement, de la situation de la personne...

La loi

L'article 544 du Code civil énonce que « *la propriété est le droit de jouir et disposer des choses de la manière la plus absolue, pourvu qu'on n'en fasse pas un usage prohibé par les lois ou par les règlements* ».
Ce droit est limité par la protection des droits d'autrui car nul ne doit causer aux propriétaires des terrains situés dans la proximité de trouble dépassant les inconvénients normaux de voisinage. L'appréciation de l'inconvénient anormal est subjective car il n'existe pas de normes permettant d'évaluer les faits et actes dommageables. Cependant la répétition et la fréquence de la nuisance sont des critères évidents de l'anormalité du trouble.

La jurisprudence

Les tribunaux apprécient au cas par cas, en fonction des circonstances et du lieu, l'importance du trouble subi.
Le préjudice causé au voisin ne sera pas le même selon que la propriété est située en milieu urbain ou en milieu rural, dans une zone industrielle ou dans une zone résidentielle. La constatation d'une faute ou du non-respect de la loi ou d'un règlement ne sont pas des éléments suffisants à caractériser le trouble de voisinage. La recherche de la gêne subie par les voisins est un préalable indispensable à toute action en cessation des troubles.
La notion de trouble de voisinage peut être étendue au danger éventuel existant pour le voisin.

Cas pratique

Des voisins avaient demandé et obtenu la suppression d'une grange remplie de paille se situant en limite de leur propriété. Ils estimaient que le risque d'incendie constituait un trouble anormal de voisinage. Même si l'activité est autorisée par les autorités publiques, son exercice peut néanmoins constituer le trouble (C. cass., civ. 3e, 8.3.2005. JCP G 2005, IV, 1877).

Le trouble de voisinage peut aussi être reconnu en cas de gêne esthétique.

Cas pratique

Un entrepreneur a pu être condamné à déplacer son dépôt de machines usagées et autres matériels situé en limite de sa propriété, dès lors qu'il pouvait par ailleurs entreposer ses machines dans une autre partie de son terrain, lequel était assez grand pour que soit supprimée la gêne du voisin.

Les preuves

Le voisin qui subit le trouble de voisinage a parfois des difficultés à en apporter la preuve. Devant les juridictions civiles, tous les modes de preuve sont valables :
- constat d'huissier attestant les nuisances ;
- photographies des lieux ;
- correspondances échangées avec le voisin ;
- devis ou factures d'entrepreneurs intervenus par exemple pour réparer un mur mitoyen en cas de négligence du voisin ;
- témoignages des tiers.

Les recours amiables

Un accord vaut mieux qu'un procès dit-on. Cet adage s'applique plus particulièrement aux relations de voisinage, Trouver une solution à l'amiable avec son voisin doit être privilégié, quitte à faire quelques concessions.

Rechercher le dialogue avec le voisin

La première démarche amiable consiste à prendre contact avec le voisin qui provoque la gêne pour l'inviter à prendre les dispositions visant à faire cesser le trouble. De simples mesures de bon sens sont parfois suffisantes. Dans d'autres cas, la stricte application de la réglementation par un voisin de bonne volonté permet d'éviter l'action en justice.

Il est utile de consigner dans un écrit signé des deux parties les aménagements prévus à l'amiable. Si les troubles continuent, rappelez à votre voisin cette première démarche dans une lettre recommandée avec avis de réception.

Consulter une association spécialisée

Alertez une association de consommateurs ou toute autre association spécialisée (voir les *adresses*, p. 131). Elle pourra constituer un dossier faisant état du trouble subi et intervenir en votre faveur auprès de l'auteur du trouble.

Saisir une autorité administrative

Vous pouvez signaler le trouble à un service de l'administration : direction départementale de l'équipement, service des nuisances qui siège à la préfecture du département, action sanitaire ou service de l'hygiène. Cette administration pourra déléguer sur les lieux un agent spécialisé chargé de constater les nuisances et d'effectuer des démarches amiables auprès de l'auteur du trouble.

À NOTER

Vous habitez Paris ou une grande ville *L'autorité à saisir dépend de la nature du désagrément.*

En cas de trouble de voisinage : le plaignant doit s'adresser à la direction de la protection et de la sécurité de la préfecture de police. Cette administration déléguera sur le lieu de l'infraction un inspecteur qui, après enquête, établira un procès-verbal de la situation. Le voisin gêné pourra sur la base de ce rapport se porter partie civile devant la juridiction pénale et obtenir et réclamer des dommages et intérêts.

En présence de nuisances olfactives ou d'hygiène défectueuse provenant de cafés ou de restaurants, le plaignant doit s'adresser à la direction des services sanitaires de la préfecture du département.

Porter le litige devant le conciliateur

Le recours au conciliateur de justice permet, dans de nombreux cas, de résoudre à l'amiable un conflit de voisinage.

Le dossier

Le conciliateur de justice organise des permanences une fois par semaine dans les mairies ou dans les maisons de justice. Toute personne qui subit des troubles de voisinage peut le contacter en vue d'exposer le conflit. Le conciliateur convoquera l'auteur du trouble et recherchera en sa présence un arrangement équitable.

La conciliation

Si le conflit de voisinage est résolu, le conciliateur établit un constat qui, après signature des parties, a la valeur d'un véritable engagement. Cet accord peut être homologué devant le juge pour lui donner valeur contraignante. Si la conciliation n'aboutit pas, vous pouvez intenter une action judiciaire contre votre voisin.

Les actions judiciaires

Si aucun accord amiable n'est possible, c'est le tribunal qui va départager les parties. Suivant l'importance et la nature du litige, les tribunaux compétents seront soit les juridictions civiles (juridiction de proximité, tribunal d'instance ou de grande instance), soit les juridictions pénales (juridiction de proximité, tribunal de police, tribunal correctionnel).

Les recours devant les juridictions civiles

› La procédure de référé

En cas d'urgence, vous pouvez saisir le président du tribunal d'instance ou le président du tribunal de grande instance qui intervient en qualité de juge des référés. Il a le pouvoir d'ordonner à l'auteur du trouble de prendre des dispositions immédiates pour faire cesser les nuisances.

› La déclaration au greffe du tribunal

Lorsque le litige est inférieur ou égal à 4 000 € (décret n° 2005-460 du 13.5.2005), vous pouvez utiliser la procédure simplifiée de déclaration au greffe. Il suffit de vous rendre au greffe du tribunal et de remplir le formulaire prévu à cet effet. Votre déclaration doit mentionner vos nom, prénoms, profession, date de naissance et nationalité, ceux de votre adversaire ainsi qu'un résumé du litige. Vous serez convoqué à l'audience en sa présence. Le juge entendra vos arguments ainsi que ceux du voisin, auteur de la nuisance et rendra une décision rapide.

› L'injonction de faire

Cette procédure peut être utilisée pour tout litige résultant de l'inexécution ou de l'exécution partielle d'un contrat dont le montant est inférieur ou égal à 10 000 €.
Le plaignant remplit un formulaire spécial mis à disposition par le greffe du tribunal d'instance. La requête mentionne les noms, prénoms, professions et adresses des parties. Elle indique aussi l'obligation dont l'exécution est demandée. Cette requête adressée par lettre recommandée ou remise contre récépissé au greffe, fait ensuite l'objet d'un enregistrement. Au vu du dossier qui lui est transmis, le juge peut rendre une ordonnance portant injonction de faire qui n'est pas susceptible de recours. Cette ordonnance est adressée aux parties par lettre recommandée avec avis de réception.

Le voisin, auteur du trouble, peut exécuter l'injonction qui lui est adressée ou refuser de le faire. Dans ce dernier cas, le voisin qui subit la nuisance devra engager une action classique devant le tribunal par voie d'assignation.

› La procédure devant le tribunal d'instance

Le juge du tribunal d'instance est compétent pour trancher tous les litiges concernant le bornage, les distances à respecter en matière de plantations, et certaines servitudes.
Sa compétence s'applique à tout litige d'un montant inférieur ou égal à 10 000 €.
La procédure est peu coûteuse et ne nécessite pas le recours à un avocat. Le juge peut tenter une conciliation si cela est encore possible avec votre voisin. Si un accord est constaté, il sera consigné dans un procès-verbal. À défaut de conciliation, vous serez assigné avec votre voisin à comparaître devant le juge.

› La procédure devant le tribunal de grande instance

Le tribunal de grande instance est compétent en matière d'indemnisation proposée par l'administration suite à l'institution d'une servitude de droit public (immeuble frappé d'alignement, passage de lignes et de canalisation d'eau, travaux assurant une meilleure visibilité...).
Le tribunal de grande instance est aussi compétent pour trancher les litiges d'un montant supérieur à 10 000 €.
Le voisin qui subit le trouble de voisinage peut saisir le tribunal de grande instance par requête conjointe ou par assignation. L'assistance d'un avocat est obligatoire devant cette juridiction.

› La procédure devant les juges de proximité

La loi n° 2002-1138 du 9 septembre 2002 dite d'orientation et de programmation pour la justice a créé une juridiction en la personne des juges de proximité. Ces derniers peuvent exercer une partie des fonctions dévolues aux juges de première instance. Ils sont notamment compétents pour apporter une solution appropriée aux litiges de voisinage.
En matière civile, la juridiction de proximité juge des litiges qui n'excèdent pas 4 000 €.

Les recours devant le tribunal pénal

Le voisin qui subit la gêne peut porter plainte à la gendarmerie ou au commissariat le plus proche du lieu où a été commise l'infraction.
Il peut aussi adresser sa plainte par courrier recommandé avec accusé de réception au procureur de la République du tribunal de grande instance du lieu de l'infraction.

La plainte doit indiquer les nom, prénoms et adresse du plaignant, la date et le lieu de l'infraction, le résumé des faits. Le cas échéant, les noms et adresses des témoins peuvent être joints à la lettre.

À NOTER

Jouissance paisible des lieux *Lorsque les habitants d'un bâtiment entravent la libre circulation des autres occupants, empêchent le bon fonctionnement des dispositifs de sûreté et de sécurité, ou nuisent à la tranquillité des lieux, les propriétaires et exploitants de l'immeuble peuvent faire appel à la police ou à la gendarmerie nationale pour rétablir la jouissance paisible des lieux (art. L. 126-2, C. de la construction et de l'habitation).*

Les recours devant le tribunal administratif

La saisine du tribunal administratif doit être envisagée si l'administration est elle-même émettrice du bruit, par exemple lorsque les nuisances subies proviennent de la construction, de l'entretien ou de la démolition d'ouvrages publics situés à proximité de votre propriété.
Vous pouvez également saisir ce tribunal si le maire (ou le préfet) n'intervient pas dans sa commune pour faire respecter la réglementation, ou parce que le maire n'a pas pris les mesures qui étaient en son pouvoir pour faire cesser le bruit.

› Le recours en annulation

Les actes administratifs pris par une collectivité publique, et notamment le maire, peuvent être à l'origine d'un trouble de voisinage. Vous pouvez alors saisir le tribunal administratif pour demander l'annulation de la décision. Les tribunaux administratifs ont ainsi été saisis à plusieurs reprises de demandes d'annulation d'arrêtés autorisant la sonnerie des cloches d'une église.
Le contentieux relatif au permis de construire et aux demandes d'annulation destiné à mettre fin à un trouble de voisinage relève également des tribunaux administratifs.
Attention au délai, vous avez 2 mois à compter de la publication ou de la notification de la décision pour introduire un recours.

› Le recours en réparation

Vous devez d'abord adresser une réclamation à l'administration. Si vous demandez des dommages et intérêts, n'oubliez pas de les chiffrer avec précision. Si l'administration ne répond pas au bout de 4 mois, son silence vaut décision implicite de rejet que vous devez attaquer dans les 2 mois qui suivent.

La procédure

La saisine du tribunal

Adressez au président du tribunal administratif un courrier simple relatant les faits et joignez, le cas échéant, photocopie de la décision que vous contestez. Le tribunal va adresser un dossier à l'administration concernée afin qu'elle constitue un mémoire en défense qui vous sera communiqué.
Le juge convoquera les deux parties à l'audience. L'assistance d'un avocat n'est pas obligatoire sauf pour les actions contre l'État.

La décision du tribunal

Le juge pourra annuler la décision mais ne pourra pas prononcer une autre décision à la place de l'administration. Il peut néanmoins condamner le maire ou le préfet à vous verser des dommages et intérêts.
Vous pouvez faire appel à la décision du tribunal auprès de la cour administrative d'appel dans les 2 mois.

À NOTER

Où s'adresser ? *Conseil d'État - Bureau de l'information publique - Tél. : 01 40 20 80 80.*

Les recours spécifiques contre le bruit

➢ Il est possible d'agir individuellement contre l'auteur du bruit lorsque l'on est victime.

➢ Cependant, une démarche collective avec les personnes qui subissent une gêne identique sensibilise davantage les autorités compétentes.

➢ De nombreuses associations se sont spécialisées dans la lutte contre le bruit qui peuvent aider utilement pour entreprendre des recours amiables ou judiciaires.

Les démarches préalables

Avant d'engager une discussion avec son voisin ou une procédure, prenez quelques précautions et constituez-vous notamment des preuves que vous pourrez éventuellement produire en justice.

Identifier le responsable du bruit

Cette démarche élémentaire n'est pas évidente dans un immeuble collectif où les nuisances sonores peuvent se transmettre par les gaines de ventilation ou les colonnes montantes. Un phénomène de réflexion du son par les immeubles voisins contribue à rendre complexe la recherche du responsable.

Réunir les preuves du bruit

Il incombe à la victime du bruit d'établir la réalité des nuisances. La mesure de l'émergence du bruit peut se faire à l'aide d'un sonomètre. Cet instrument établit que le niveau sonore fixé par voie réglementaire a été dépassé. Mais sauf pour le bruit résultant d'une entreprise artisanale ou commerciale, le recours à cet instrument n'est pas obligatoire ; un constat d'huissier ou le témoignage de tiers constituent également des preuves préalables à toute action en justice.

Prendre contact avec les voisins

Lorsque le nombre de plaignants subissant la même gêne sonore est élevé, le caractère dommageable de la nuisance est plus facile à établir. Une démarche collective permet de sensibiliser les autorités chargées de constater et de réprimer le bruit.
Dans certains cas, il peut être utile de former dans un quartier ou une commune une association contre le bruit. Les riverains des aéroports qui subissent en permanence le bruit des avions sont systématiquement groupés en association pour défendre leurs intérêts. L'action collective permet, par ailleurs, de partager les frais d'une action en justice ultérieure.

Déterminer les fondements juridiques des recours

Selon la nature du bruit, les recours seront différents. Toute démarche individuelle ou collective en vue de faire cesser le bruit doit donc s'appuyer sur les arguments et textes appropriés :
- règlement de copropriété dans un immeuble collectif ;

- arrêtés municipaux et préfectoraux dans les communes ;
- lois et règlements.

S'adresser à une association spécialisée dans la lutte du bruit permet de constituer un dossier juridique bien argumenté (voir les *adresses,* p. 131).

Les recours amiables

Parler avec ses voisins, rentrer en contact avec eux peut souvent désamorcer un conflit lorsqu'ils sont de bonne foi. C'est bien sûr la première démarche à faire si vous êtes gênés par leur comportement.

Le bruit est ponctuel

› Contacter l'auteur du bruit

La première démarche est de rencontrer l'auteur du bruit et de l'informer verbalement de la gêne qu'il occasionne.

S'il ne change pas de comportement, il est opportun de rédiger une lettre simple rappelant la demande verbale et précisant la réglementation qui s'applique dans ce cas (art. R. 1334-31 et s., C. santé publique).

Si, après un délai de 2 ou 3 semaines, aucune amélioration n'est constatée, il faut adresser au fauteur de bruit une lettre recommandée avec avis de réception en fixant un délai au-delà duquel une procédure administrative ou judiciaire sera entamée.

› La médiation directe

Le plaignant peut faire appel à un tiers qui n'est pas directement impliqué dans l'affaire : syndic, gérant d'immeuble, service de garantie juridique d'une société d'assurances, association spécialisée. La médiation directe offre une solution de proximité basée sur le dialogue. Elle suppose une démarche volontaire de la part des victimes du bruit.

L'objectif de la procédure est de concilier les parties et de parvenir éventuellement à ce que les victimes obtiennent réparation du préjudice en évitant le procès.

La médiation directe se matérialise par un accord signé des deux parties qui prévoit une réparation du préjudice sous forme pécuniaire ou par la réalisation de travaux. Cette procédure amiable se révèle utile pour aider au rétablissement de relations normales de voisinage.

MON CONSEIL ✐

Qui appeler en cas de bruit ponctuel ?

- Bruit diurne : contacter la mairie ou la police municipale.

- Bruit nocturne et diurne : appeler la gendarmerie ou le commissariat du quartier.

De jour comme de nuit, les agents habilités doivent pénétrer dans l'habitation du plaignant pour constater la nuisance subie.

Le fauteur de bruit occasionnel ou permanent encourt :

- une contravention de 3e classe sanctionnée par une amende pouvant aller jusqu'à 450 € ;

- une peine complémentaire consistant en la confiscation de la chose qui a servi ou était destinée à commettre l'infraction peut être demandée par l'autorité judiciaire.

Le bruit est permanent

› Contacter le bureau des nuisances

À Paris et dans les grandes villes, les services de police se sont dotés de bureaux des nuisances afin d'instruire les plaintes relatives au bruit. Le bureau envoie sur place un technicien contrôleur qui peut inviter l'auteur du trouble à prendre des dispositions adaptées à la cessation du trouble. S'il n'obtempère pas, un procès-verbal de carence est transmis au Parquet.

› Faire appel au maire

Le maire est habilité à traiter la plupart des plaintes et peut, dans ce but, commissionner des agents municipaux assermentés pour constater les infractions aux textes législatifs relatifs aux bruits de voisinage et pour dresser des procès-verbaux.

Après vérification du bien-fondé de la plainte, le maire ou le service communal d'hygiène et de santé contacte le fauteur de bruit pour lui rappeler le respect de la réglementation. Une intervention rapide de la mairie peut suffire à faire cesser la nuisance. Sinon le maire dispose de deux autres moyens d'action : l'arrêté individuel et la sanction.

• L'arrêté individuel

Le maire peut imposer par arrêté individuel des prescriptions de nature à faire cesser le trouble (par exemple faire dresser un chien ou le tenir éloigné du voisinage en vue de supprimer les nuisances résultant de ses aboiements).

La sanction

Après mise en demeure du fauteur de bruit restée sans effet, le maire peut faire dresser un procès-verbal par un officier ou un agent de police judiciaire agréé et assermenté (policier municipal, technicien territorial).

En cas d'inaction du maire

La victime du bruit a la possibilité de saisir le préfet du département qui peut intervenir pour rappeler au maire ses obligations en matière de tranquillité publique.

Les recours judiciaires

Introduire une procédure est l'ultime recours. Ce n'est à envisager que si toutes les démarches à l'amiable ont été entreprises et n'ont pas abouti et si vous êtes en mesure d'apporter la preuve du trouble dont vous êtes victime.

Les juridictions pénales

La procédure pénale ne peut être engagée par le maire ou par les agents habilités que sur la base d'un procès-verbal de constat de l'infraction.

› Constatation de l'infraction

• Le procès-verbal d'infraction

Les officiers et agents de police judiciaire, ainsi que les agents commissionnés et assermentés, sont chargés de contrôler et de verbaliser les infractions à la réglementation relative à la lutte contre les bruits de voisinage. Ce procès-verbal est transmis dans les 5 jours au procureur de la République et une copie en est remise à l'auteur de l'infraction.

À NOTER

Contester un procès-verbal *Devant le tribunal, le procès-verbal fait foi. L'auteur de l'infraction ne peut que très difficilement le contester.*

• Le constat d'huissier

En dernier recours, si la police n'a pu constater l'infraction, la personne victime du bruit peut faire appel à un huissier. Le constat ainsi obtenu sera adressé au procureur de la République.

• Le rôle du procureur de la République

Le procureur de la République reçoit la plainte et apprécie les suites qu'il convient de lui réserver. Il peut, avec l'accord des parties, demander l'intervention d'un médiateur pénal chargé de renouer le dialogue entre les voisins en conflit et rechercher des solutions amiables pour faire cesser le bruit. Le médiateur informe le procureur du résultat de sa mission. En cas d'échec, il décide de poursuivre l'affaire devant les tribunaux ou de procéder à son classement. Dans le premier cas, l'auteur des nuisances sonores est convoqué devant le tribunal de police ou le juge de proximité et la victime du bruit peut se constituer partie civile.

• Le jugement

Le fauteur de bruit peut être condamné à une amende.

Le tribunal de police est compétent pour les infractions constituant des contraventions de la 5e classe et la juridiction de proximité pour les contraventions des quatre premières classes (par exemple, le tapage diurne ou nocturne est une contravention de la 3e classe). Si le plaignant s'est constitué partie civile, il peut obtenir tout ou partie des dommages et intérêts demandés. Le montant de cette indemnisation dépend du nombre d'infractions à la réglementation contre le bruit constaté.

Les juridictions civiles

Lorsque le bruit constitue manifestement un trouble anormal de voisinage, les juridictions civiles pourront être saisies. La cessation du trouble sonore et la réparation du préjudice subi peuvent être demandées sur le fondement des articles 1382 à 1384 du Code civil. Le juge de proximité est compétent pour tout litige inférieur ou égal à 4 000 € et le tribunal d'instance pour les litiges supérieurs à 4 000 € et ne dépassant pas 10 000 €. Au-delà de ce montant, l'affaire doit être portée devant le tribunal de grande instance.

Cas pratique

Un restaurateur dont le four à pizza provoquait des troubles de voisinage s'est retourné contre l'entrepreneur qui avait fait l'installation de ce four afin que celui-ci le garantisse contre le risque encouru. Dans cette affaire, le propriétaire d'un immeuble contigu s'était plaint en raison du réchauffement excessif de l'immeuble et des salissures au niveau de sa terrasse. Il avait alors introduit une action en justice contre le restaurateur qui avait lui-même appelé en garantie l'entrepreneur. La Cour de cassation donne gain de cause au restaurateur en considérant que l'entrepreneur n'avait pas rempli son obligation de conseil en ne mettant pas en garde son client sur les risques encourus du fait de l'installation (C. cass., civ. 3e, 20.12.2000).

Les juridictions administratives

La saisine du tribunal administratif doit être envisagée si l'administration est elle-même émettrice du bruit, ou si elle n'a pas pris les mesures qui étaient en son pouvoir pour faire cesser le bruit.

La saisine du tribunal administratif passe par l'établissement d'une requête, c'est-à-dire d'une lettre rédigée sur papier libre, ou le demandeur expose les circonstances de l'affaire ainsi que les motifs qui lui permettent de justifier de son droit. Si la requête s'accompagne d'une demande d'indemnité, l'assistance d'un avocat est obligatoire.

Le juge administratif étudie le dossier du plaignant et après plaidoirie de l'avocat, et exposé des conclusions par le Commissaire du gouvernement, il rend sa décision. Celle-ci peut faire l'objet d'un appel devant la cour administrative d'appel, puis, le cas échéant, d'un recours en cassation, devant le Conseil d'État.

Modèles de lettres et de documents

Construction d'un mur mitoyen

Nom
Adresse
Date

Nom et adresse de votre voisin

Monsieur, Madame,

Je vous ai fait part de mon souhait de construire un mur mitoyen dont nous partagerions pour moitié les frais des travaux.

Je vous informe que l'article 663 du Code civil dispose que « *chacun peut contraindre son voisin, dans les villes et faubourgs, à contribuer aux constructions et réparations de la clôture faisant séparation de leur maison, cour et jardins* ».

En conséquence, je vous propose de nous rencontrer afin de fixer les modalités de construction d'un mur mitoyen : choix de l'entrepreneur et des matériaux, hauteur du mur.

Je vous remercie de me faire part de votre réponse dans les meilleurs délais. À défaut, je serai contraint de saisir la juridiction compétente.

Veuillez croire, Monsieur, Madame…

Signature

Servitude de tour d'échelle

Nom
Adresse
Date

Nom et adresse de votre voisin

Monsieur, Madame,

Je vous ai demandé l'accès à votre terrain pour effectuer des travaux sur un mur de ma propriété qui n'est accessible que depuis votre terrain. Ce que vous m'avez refusé.

Je vous informe qu'une jurisprudence constante autorise le propriétaire d'un fonds à passer provisoirement chez son voisin afin d'effectuer des réparations indispensables (C. cass., civ. 3e, 15.4.1982).

Je vous propose de vous rencontrer pour fixer ensemble les conditions d'un état des lieux pour protéger au mieux nos intérêts communs.

Dans le cas contraire, je me verrai dans l'obligation de saisir la juridiction compétente.

Veuillez croire, Monsieur, Madame…

Signature

Servitude de passage

Nom
Adresse
Date

Nom et adresse de votre voisin

Lettre recommandée avec avis de réception

Monsieur, Madame,

Malgré nos divers entretiens, nous n'avons pu trouver un accord sur l'exercice d'un droit de passage sur votre terrain.

En effet, pour me refuser ce droit, vous avancez que ma propriété n'est pas enclavée car je peux accéder sur la voie publique. Or l'article 682 du Code civil reconnaît un droit de passage au propriétaire d'un fonds qui a une issue insuffisante sur la voie publique, ce qui est mon cas (exposer ici les éléments prouvant que votre propriété est enclavée).

Je souhaite donc que nous fixions la date pour une rencontre afin d'établir les conditions d'exercice de cette servitude et le montant de l'indemnité que j'aurai à vous verser.

À défaut d'accord amiable, je serai dans l'obligation de faire valoir mes droits devant le tribunal.

Veuillez croire, Monsieur, Madame…

Signature

Branches d'arbres dépassant sur votre propriété

Nom
Adresse
Date

Nom et adresse de votre voisin

Lettre recommandée avec avis de réception

Monsieur, Madame,

En dépit de mes demandes incessantes, vous n'avez pas à ce jour procédé à l'élagage des branches d'arbres avançant sur mon terrain.

Je vous informe que l'article 673 du Code civil dispose que « *celui sur la propriété duquel avancent les branches des arbres, arbustes et arbrisseaux du voisin peut contraindre celui-ci à les couper* ».

Je vous remercie donc de procéder à l'élagage de vos arbres dans les meilleurs délais. À défaut, je ferai valoir mes droits devant les tribunaux.

Veuillez croire, Monsieur, Madame…

Signature

Dégâts causés par un animal

Nom
Adresse
Date

Nom et adresse de votre voisin

Lettre recommandée avec avis de réception

Monsieur, Madame,

Je vous ai contacté afin de vous demander réparation des dégâts causés par votre chien dans mon jardin qui est entré le *(indiquez la date)* dans ma propriété et a détruit plusieurs massifs de fleurs.

Je vous rappelle qu'en vertu de l'article 1385 du Code civil, vous êtes responsable des agissements fautifs de votre animal domestique.

En conséquence, vous trouverez ci-joint la facture des frais que j'ai dû engager pour réparer les dégâts causés par votre chien.

À défaut de réponse dans un délai de 10 jours, je me verrai dans l'obligation de saisir le tribunal.

Veuillez agréer, Monsieur, Madame…

Signature

Bruit

Nom
Adresse
Date

Nom et adresse de votre voisin

Lettre recommandée avec avis de réception

Monsieur, Madame,

En dépit de mes nombreuses remarques verbales, le volume sonore de votre chaîne hi-fi demeure anormalement élevé.

Je vous mets, par la présente, en demeure de cesser ce trouble. À défaut, je me verrai dans l'obligation de saisir le juge afin de demander réparation du préjudice que je subis actuellement.

J'espère toutefois qu'il s'agit d'un malentendu et que nos relations seront désormais courtoises.

Veuillez croire, Monsieur, Madame…

Signature

Plainte au procureur de la République

Monsieur le procureur de la République près
le tribunal de grande instance

Je soussigné(e) ....

Demeurant ....

Exerçant la profession de ....

Ai l'honneur de porter plainte entre vos mains contre *(le nom de l'auteur de l'infraction ou plainte contre X si l'auteur de l'infraction vous est inconnu)*,

En raison des faits suivants *(énoncer les faits)*.

Je vous prie donc de donner à cette affaire la suite légale qu'elle comporte et vous prie de croire à ma haute considération.

Signature

Déclaration au greffe (ou saisine simplifiée)

À adresser au greffier du tribunal d'instance compétent

Nom
Adresse
Date

Monsieur le greffier,

Je soussigné(e) *(nom, prénom, profession)*, ai l'honneur de vous exposer le litige qui m'oppose à X *(nom, prénom, adresse et profession de l'adversaire)*.

Je souhaite intenter une action *(en réparation ou en remboursement ou autre action)* à son encontre.

Le litige que j'ai en effet avec lui concerne *(réparation d'un mur mitoyen, passage d'une servitude…)*.

Toute tentative de règlement amiable ayant échoué, je vous demande de bien vouloir prendre en compte ma demande afin de résoudre cette question.

Je vous prie d'agréer…

Signature

Pièces jointes : échange de courriers avec le voisin, photographies, témoignages.

Lettre à un huissier pour saisir le tribunal

Nom
Adresse
Date

Maître,

Je vous demande de bien vouloir trouver ci-joint les éléments d'une demande en justice contre mon voisin X *(préciser le nom, l'adresse et profession…)*.

Je vous demande de bien vouloir procéder sur la base de cette demande à une assignation devant le tribunal d'instance de *(préciser le lieu)* dans les plus brefs délais.

Je me tiens à votre disposition pour toute information complémentaire et je vous prie de croire, Maître, à ma considération distinguée.

Signature

Tentative préalable de conciliation

Lettre simple avec avis de réception au greffe du tribunal d'instance du lieu d'exécution du contrat ou du défendeur

Nom
Adresse
Date

Monsieur le greffier du tribunal d'instance de…

Je soussigné(e) *(nom et prénom)*, ai l'honneur de vous demander de bien vouloir convoquer X *(nom, adresse et profession du voisin)* à une tentative préalable de conciliation conformément à l'article 830 du Nouveau Code de procédure civile.

En effet, un litige concernant… *(une servitude d'écoulement des eaux…)* m'oppose à cette personne.

Les démarches amiables que j'ai tentées auprès de lui ont échoué *(décrire les démarches qui ont été entreprises)*.

En conséquence, je souhaite obtenir réparation du préjudice subi.

Veuillez, agréer, Monsieur le greffier…

Signature

Pièces jointes : échanges de courriers avec le voisin, photographies, témoignages.

Les adresses de vos interlocuteurs

- Agence de l'environnement et de la maîtrise de l'énergie (ADEME)
  27, rue Louis Vicat - 75015 Paris
  Tél. : 01 47 65 20 00
  www.ademe.fr

- Agence nationale pour l'information sur le logement (ANIL)
  2, boulevard Saint Martin
  75010 Paris
  Tél. : 0820 16 75 00
  www.anil.org

- Association de défense contre les nuisances aériennes (ADVOCNAR)
  BP 10002 - 95390 Saint-Prix
  Tél. : 01 39 89 91 99
  www.advocnar.fr

- Association nationale des Architectes des bâtiments de France (ANABF)
  www.anabf.org

- Association de défense des victimes de troubles de voisinage (ADVTV)
  La Croix-Rouge - 38470 l'Albenc
  Tél. : 03 29 65 42 30
  http://nuisances.advtv.free.fr

- Association des responsables de copropriété (ARC)
  29, rue Joseph-Python - 75020 Paris
  Tél. : 01 40 30 12 82
  www.unarc.asso.fr

- Autorité de contrôle des nuisances sonores aéroportuaires (ACNUSA)
  93, boulevard du Montparnasse
  75006 Paris
  www.acnusa.fr

- Centre d'information et de documentation sur le bruit (CIDB)
  12/14, rue Jules-Bourdais
  75017 Paris
  Tél. : 01 47 64 64 64
  www.bruit.fr/FR/info./00

- Chambre nationale des huissiers de justice
  44, rue de Douai - 75009 Paris
  Tél. : 01 49 70 12 90
  www.huissier-justice.fr

- Comité national d'action contre le bruit (CAB)
  12, rue de la Fidélité - 75010 Paris
  Tél. : 01 44 83 00 87

- Compagnie nationale des experts immobiliers (CNEI)
  18, rue Volney - 75002 Paris
  Tél. : 01 42 96 18 46
  www.expert-cnei.com

- Conciliateurs de France
  72, avenue Joseph Bougearel
  06140 Vence
  Tél. : 04 93 58 20 80

- Conseil national de l'ordre des architectes (CNOA)
  Tour Maine Montparnasse
  33, avenue du Maine - BP 154
  75755 Paris cedex 15
  Tél. : 01 56 58 67 00
  www.architectes.org
- Conseil supérieur du notariat
  60, rue de la Tour Maubourg
  75007 Paris
  Tél. : 01 44 90 30 00
  www.notaires.fr
- Conseil d'État - Bureau d'information
  1, place du Palais Royal
  75001 Paris
  Tél. : 01 40 20 80 50
  www.conseil-etat.fr
- Institut national d'aide aux victimes et de médiation (INAVEM)
  1, rue du Pré Saint Gervais
  93500 Pantin
  Tél. : 0810 09 86 09
  www.inavem.org
- Journal officiel
  26, rue Desaix - 75015 Paris
  Tél. : 01 40 58 75 00
  www.journal-officiel.gouv.fr
- Ligue française contre le bruit (LFCB)
  20, avenue de l'Opéra - 75001 Paris
  Tél. : 01 42 96 99 84
- SOS avocats
  Tél. : 08 03 39 33 00
- L'union francilienne contre les nuisances des aéronefs (UFCNA)
  www.ufcna.eu

Consultations gratuites ouvertes au public

- Les maisons de la justice et du droit donnent des informations et consultations gratuites et interviennent en matière de médiation pénale. Le site Internet du ministère de la Justice communique l'adresse de la maison du droit de votre département :
  www.justice.gouv.fr
- Consultations d'avocats : l'ordre des avocats organise des consultations gratuites au Palais de justice ou dans les mairies.

Vous pouvez obtenir l'adresse du barreau de votre région en vous adressant au Conseil national des barreaux :
  22, rue de Londres - 75009 Paris
  Tél. : 01 53 30 85 60
  www.cnb.avocat.fr

- Consultation de notaires : les notaires organisent des journées gratuites d'information.
  Chambre départementale des notaires de Paris
  12, avenue Victoria - 75001 Paris
  Tél. : 01 44 82 24 00
  www.paris.notaires.fr

Cet organisme vous communiquera les coordonnées des chambres départementales de votre région.

Lexique

B

Bornage : opération par laquelle on détermine la limite séparative d'entre deux propriétés contiguës et que l'on matérialise par la pose de repères visibles, appelés bornes.

C

Cadastre : registre public qui rassemble, dans chaque commune, les renseignements concernant la répartition des terrains. Il sert notamment de base à la fixation de l'impôt foncier.

Certificat d'urbanisme : document donnant des informations sur l'usage possible d'un terrain : droit de construire, implantation, division de propriété. Le certificat d'urbanisme est demandé à la mairie dans le cadre d'un projet de construction à l'initiative du ou des propriétaires concernés.

Chemin d'exploitation : chemin servant exclusivement à la communication entre diverses propriétés ou leur exploitation. Il appartient en principe aux propriétaires riverains (sauf preuve ou titre contraire) qui disposent donc d'un droit d'usage sur ce chemin.

Conciliateur de justice : personne qui a pour mission de faciliter, en dehors de toute procédure judiciaire, le règlement amiable des conflits et plus particulièrement les querelles liées à des troubles de voisinage.

Constat d'huissier : acte dressé par un huissier de justice constatant une situation de fait qui pourra être produite lors d'une procédure.

D

Déclaration au greffe (procédure de) : procédure simplifiée et gratuite devant le tribunal d'instance permettant le recouvrement de créances d'un montant plafonné à 4 000 € (art. 847-1 et s. du Nouveau Code de procédure pénale, modifié par le décret n° 2005-460 du 13 mai 2005).

Domaine public : partie du patrimoine des collectivités publiques dont le régime juridique obéit au droit administratif.

Droit de passage en cas d'enclave : tout propriétaire qui ne dispose pas d'un accès suffisant à la voie publique pour l'exploitation agricole, industrielle et commerciale de sa propriété, peut réclamer un passage sur le terrain de son voisin (art. 682 du Code civil).

E

Exhaussement : action de surélever un mur ou un bâtiment.

F

Fer maillé : treillis en grillage de fer applicable sur une fenêtre. S'il s'agit d'un jour de souffrance (voir définition), les mailles du treillis doivent avoir un décimètre d'ouverture maximum et la fenêtre doit être munie d'un verre dormant.

Fonds : terrain sur lequel s'exercent les servitudes. Le terrain qui supporte la contrainte est le fonds servant. Celui qui en bénéficie est le fonds dominant.

I

Injonction de payer : procédure simplifiée gratuite permettant à un créancier d'obtenir rapidement devant le tribunal un titre permettant le recouvrement de certaines créances (participation aux frais d'entretien d'un mur mitoyen par exemple). Cette procédure peut être utilisée quel que soit le montant de la créance (art. 1405 et s. du Nouveau Code de procédure civile).

J

Jour : ouverture réalisée sur un bâtiment qui laisse passer la lumière mais ne permet pas de regarder chez le voisin.

Jour de souffrance : ouverture réalisée sur un bâtiment qui ne laisse passer que la lumière et ne permet pas d'aérer une pièce.

P

Prescription : délai qui libère le débiteur d'une dette ou au contraire lui permet d'acquérir certains droits.

Prescription acquisitive : moyen d'acquérir une propriété en la possédant de façon continue, non interrompue, paisible, et non équivoque. La personne qui occupe un terrain comme s'il en était le propriétaire, et paie les charges et impôts concernant ce terrain, sans revendication d'un tiers, est considérée comme propriétaire légitime de ce bien (art. 2229 et s. du Code civil).

Prescription extinctive : conséquence de l'écoulement d'un certain laps de temps qui interdit d'engager une action en justice et de présenter une réclamation quelconque (art. 1304 et 2262 du Code civil).

S

Servitude : charge pesant sur un terrain (fonds servant) au profit d'un terrain appartenant à un autre propriétaire (fonds dominant).

Servitude d'aqueduc : servitude permettant à son bénéficiaire d'obtenir sur le terrain voisin le passage par conduite souterraine des eaux potables ou destinées à l'exploitation de son terrain. Il doit en contrepartie régler une indemnité au propriétaire du terrain sur lequel passe une canalisation (art. L. 152-1 et s. du Code rural).

Servitude de la tour d'échelle : possibilité pour le propriétaire d'un bâtiment situé à la limite séparative de passer chez son voisin afin d'effectuer les travaux indispensables sur ce bâtiment. Cette servitude est issue de la jurisprudence.

V

Valeur vénale : valeur estimée d'un bien.

Vue : ouverture pratiquée sur un bâtiment permettant de voir chez le voisin.

Textes de loi

CODE CIVIL

DE LA PROPRIÉTÉ

Art. 544. La propriété est le droit de jouir et disposer des choses de la manière la plus absolue, pourvu qu'on n'en fasse pas un usage prohibé par les lois ou par les règlements.

DES SERVITUDES ÉTABLIES PAR LA LOI

Art. 649. Les servitudes établies par la loi ont pour objet l'utilité publique ou communale, ou l'utilité des particuliers.

Art. 650. Celles établies pour l'utilité publique ou communale ont pour objet le marchepied le long [(ord. n° 2006-460 du 21.4.2006) des cours d'eau domaniaux], la construction ou réparation des chemins et autres ouvrages publics ou communaux.
Tout ce qui concerne cette espèce de servitude est déterminé par des lois ou des règlements particuliers.

Art. 651. La loi assujettit les propriétaires à différentes obligations l'un à l'égard de l'autre, indépendamment de toute convention.

Art. 652. Partie de ces obligations est réglée par les lois sur la police rurale ;
Les autres sont relatives au mur et au fossé mitoyens, au cas où il y a lieu à contre-mur, aux vues sur la propriété du voisin, à l'égout des toits, au droit de passage.

DU MUR ET DU FOSSÉ MITOYENS

Art. 653. Dans les villes et les campagnes, tout mur servant de séparation entre bâtiments jusqu'à l'héberge, ou entre cours et jardins, et même entre enclos dans les champs, est présumé mitoyen, s'il n'y a titre ou marque du contraire.

Art. 654. Il y a marque de non-mitoyenneté lorsque la sommité du mur est droite et à plomb de son parement d'un côté, et présente de l'autre un plan incliné.
Lors encore qu'il n'y a que d'un côté ou un chaperon ou des filets et corbeaux de pierre qui y auraient été mis en bâtissant le mur.
Dans ces cas, le mur est censé appartenir exclusivement au propriétaire du côté duquel sont l'égout ou les corbeaux et filets de pierre.

Art. 655. La réparation et la reconstruction du mur mitoyen sont à la charge de tous ceux qui y ont droit, et proportionnellement au droit de chacun.

Art. 656. Cependant, tout copropriétaire d'un mur mitoyen peut se dispenser de contribuer aux réparations et reconstructions en abandonnant le droit de mitoyenneté pourvu que le mur mitoyen ne soutienne pas un bâtiment qui lui appartienne.

Art. 657. Tout copropriétaire peut faire bâtir contre un mur mitoyen, et y faire placer des poutres ou solives dans toute l'épaisseur du mur, à cinquante-quatre millimètres près, sans préjudice du droit qu'a le voisin de faire réduire à l'ébauchoir la poutre jusqu'à la moitié du mur, dans le cas où il voudrait lui-même asseoir des poutres dans le même lieu, ou y adosser une cheminée.

Art. 658. Tout copropriétaire peut faire exhausser le mur mitoyen ; mais il doit payer seul la dépense de l'exhaussement et les réparations d'entretien au-dessus de la hauteur de la clôture commune ; il doit en outre payer seul les frais d'entretien de la partie commune du mur dus à l'exhaussement et rembourser au propriétaire voisin toutes les dépenses rendues nécessaires à ce dernier par l'exhaussement.

Art. 659. Si le mur mitoyen n'est pas en état de supporter l'exhaussement, celui qui veut l'exhausser doit le faire reconstruire en entier à ses frais, et l'excédent d'épaisseur doit se prendre de son côté.

Art. 660. Le voisin qui n'a pas contribué à l'exhaussement peut en acquérir la mitoyenneté en payant la moitié de la dépense qu'il a coûté et la valeur de la moitié du sol fourni pour l'excédent d'épaisseur, s'il y en a. La dépense que l'exhaussement a coûté est estimée à la date de l'acquisition, compte tenu de l'état dans lequel se trouve la partie exhaussée du mur.

Art. 661. Tout propriétaire joignant un mur a la faculté de le rendre mitoyen en tout ou en partie, en remboursant au maître du mur la moitié de la dépense qu'il a coûté, ou la moitié de la dépense qu'a coûté la portion du mur qu'il veut rendre mitoyenne et la moitié de la valeur du sol sur lequel le mur est bâti. La dépense que le mur a coûté est estimée à la date de l'acquisition de sa mitoyenneté, compte tenu de l'état dans lequel il se trouve.

Art. 662. L'un des voisins ne peut pratiquer dans le corps d'un mur mitoyen aucun enfoncement, ni y appliquer ou appuyer aucun ouvrage sans le consentement de l'autre, ou sans avoir, à son refus, fait régler par experts les moyens nécessaires pour que le nouvel ouvrage ne soit pas nuisible aux droits de l'autre.

Art. 663. Chacun peut contraindre son voisin, dans les villes et faubourgs, à contribuer aux constructions et réparations de la clôture faisant séparation de leurs maisons, cours et jardins dans les dites villes et faubourgs : la hauteur de la clôture sera fixée suivant les règlements particuliers ou les usages constants et reconnus, et, à défaut d'usages et de règlements, tout mur de séparation entre voisins, qui sera construit ou rétabli à l'avenir, doit avoir au moins trente-deux décimètres de hauteur, compris le chaperon, dans les villes de cinquante mille âmes et au-dessus, et vingt-six décimètres dans les autres.

Art. 665. Lorsqu'on reconstruit un mur mitoyen ou une maison, les servitudes actives et passives se continuent à l'égard du nouveau mur ou de la nouvelle maison, sans toutefois qu'elles puissent être aggravées, et pourvu que la reconstruction se fasse avant que la prescription soit acquise.

Art. 666. Toute clôture qui sépare des héritages est réputée mitoyenne, à moins qu'il n'y ait qu'un seul des héritages en état de clôture, ou s'il n'y a titre, prescription ou marque contraire.
Pour les fossés, il y a marque de non-mitoyenneté lorsque la levée ou le rejet de la terre se trouve d'un côté seulement du fossé.
Le fossé est censé appartenir exclusivement à celui du côté duquel le rejet se trouve.

Art. 667. La clôture mitoyenne doit être entretenue à frais communs ; mais le voisin peut se soustraire à cette obligation en renonçant à la mitoyenneté.
Cette faculté cesse, si le fossé sert habituellement à l'écoulement des eaux.

Art. 668. Le voisin dont l'héritage joint un fossé ou une haie non mitoyens ne peut contraindre le propriétaire de ce fossé ou de cette haie à lui céder la mitoyenneté.
Le copropriétaire d'une haie mitoyenne peut la détruire jusqu'à la limite de sa propriété, à la charge de construire un mur sur cette limite.
La même règle est applicable au copropriétaire d'un fossé mitoyen qui ne sert qu'à la clôture.

Art. 669. Tant que dure la mitoyenneté de la haie, les produits en appartiennent aux propriétaires par moitié.

Art. 670. Les arbres qui se trouvent dans la haie mitoyenne sont mitoyens comme la haie. Les arbres plantés sur la ligne séparative de deux héritages sont aussi réputés mitoyens. Lorsqu'ils meurent ou lorsqu'ils sont coupés ou arrachés, ces arbres sont partagés par moitié. Les fruits sont recueillis à frais communs et partagés aussi par moitié, soit qu'ils tombent naturellement, soit que la chute en ait été provoquée, soit qu'ils aient été cueillis.
Chaque propriétaire a le droit d'exiger que les arbres mitoyens soient arrachés.

Art. 671. Il n'est permis d'avoir des arbres, arbrisseaux et arbustes près de la limite de la propriété voisine qu'à la distance prescrite par les règlements particuliers actuellement existants, ou par des usages constants et reconnus, et à défaut de règlements et usages, qu'à la distance de deux mètres de la ligne séparative des deux héritages pour les planta-

tions dont la hauteur dépasse deux mètres, et à la distance d'un demi-mètre pour les autres plantations.
Les arbres, arbustes et arbrisseaux de toute espèce peuvent être plantés en espaliers, de chaque côté du mur séparatif, sans que l'on soit tenu d'observer aucune distance, mais ils ne pourront dépasser la crête du mur.
Si le mur n'est pas mitoyen, le propriétaire seul a le droit d'y appuyer les espaliers.

Art. 672. Le voisin peut exiger que les arbres, arbrisseaux et arbustes, plantés à une distance moindre que la distance légale, soient arrachés ou réduits à la hauteur déterminée dans l'article précédent, à moins qu'il n'y ait titre, destination du père de famille ou prescription trentenaire.
Si les arbres meurent, ou s'ils sont coupés ou arrachés, le voisin ne peut les remplacer qu'en observant les distances légales.

Art. 673. Celui sur la propriété duquel avancent les branches des arbres, arbustes et arbrisseaux du voisin peut contraindre celui-ci à les couper. Les fruits tombés naturellement de ces branches lui appartiennent.
Si ce sont les racines, ronces ou brindilles qui avancent sur son héritage, il a le droit de les couper lui-même à la limite de la ligne séparative.
Le droit de couper les racines, ronces et brindilles ou de faire couper les branches des arbres, arbustes ou arbrisseaux est imprescriptible.

DE LA DISTANCE DES OUVRAGES INTERMÉDIAIRES REQUIS POUR CERTAINES CONSTRUCTIONS

Art. 674. Celui qui fait creuser un puits ou une fosse d'aisance près d'un mur mitoyen ou non, Celui qui veut y construire cheminée ou âtre, forge, four ou fourneau, y adosser une étable, ou établir contre ce mur un magasin de sel ou amas de matières corrosives, Est obligé à laisser la distance prescrite par les règlements et usages particuliers sur ces objets, ou à faire les ouvrages prescrits par les mêmes règlements et usages, pour éviter de nuire au voisin.

DES VUES SUR LA PROPRIÉTÉ DE SON VOISIN

Art. 675. L'un des voisins ne peut, sans le consentement de l'autre, pratiquer dans le mur mitoyen aucune fenêtre ou ouverture, en quelque manière que ce soit, même à verre dormant.

Art. 676. Le propriétaire d'un mur non mitoyen, joignant immédiatement l'héritage d'autrui, peut pratiquer dans ce mur des jours ou fenêtres à fer maillé et verre dormant. Ces fenêtres doivent être garnies d'un treillis de fer, dont les mailles auront un décimètre (environ trois pouces huit lignes) d'ouverture au plus, et d'un châssis à verre dormant.

Art. 677. Ces fenêtres ou jours ne peuvent être établis qu'à vingt-six décimètres (huit pieds) au-dessus du plancher ou sol de la chambre qu'on veut éclairer, si c'est à rez-de-chaussée, et à dix-neuf décimètres (six pieds) au-dessus du plancher pour les étages supérieurs.

Art. 678. On ne peut avoir des vues droites ou fenêtres d'aspect, ni balcons ou autres semblables saillies sur l'héritage clos ou non clos de son voisin, s'il n'y a dix-neuf décimètres de distance entre le mur où on les pratique et ledit héritage, à moins que le fonds ou la partie du fonds sur lequel s'exerce la vue, ne soit déjà grevé, au profit du fonds qui en bénéficie, d'une servitude de passage faisant obstacle à l'édification de constructions.

Art. 679. On ne peut, sous la même réserve, avoir des vues par côté ou obliques sur le même héritage, s'il n'y a six décimètres de distance.

Art. 680. La distance dont il est parlé dans les deux articles précédents, se compte depuis le parement extérieur du mur où l'ouverture se fait, et, s'il y a balcons ou autres semblables saillies, depuis leur ligne extérieure jusqu'à la ligne de séparation des deux propriétés.

DE L'ÉGOUT DES TOITS

Art. 681. Tout propriétaire doit établir des toits de manière que les eaux pluviales s'écoulent sur son terrain ou sur la voie publique ; il ne peut les faire verser sur le fonds de son voisin.

DU DROIT DE PASSAGE

Art. 682. Le propriétaire dont les fonds sont enclavés et qui n'a sur la voie publique aucune issue, ou qu'une issue insuffisante, soit pour l'exploitation agricole, industrielle ou commerciale de sa propriété, soit pour la réalisation d'opérations de construction ou de lotissement, est fondé à réclamer sur les fonds de ses voisins un passage suffisant pour assurer la desserte complète de ses fonds, à charge d'une indemnité proportionnée au dommage qu'il peut occasionner.

Art. 683. Le passage doit régulièrement être pris du côté où le trajet est le plus court du fonds enclavé à la voie publique.
Néanmoins, il doit être fixé dans l'endroit le moins dommageable à celui sur le fonds duquel il est accordé.

Art. 684. Si l'enclave résulte de la division d'un fonds par suite d'une vente, d'un échange, d'un partage ou de tout autre contrat, le passage ne peut être demandé que sur les terrains qui ont fait l'objet de ces actes.
Toutefois, dans le cas où un passage suffisant ne pourrait être établi sur les fonds divisés, l'article 682 serait.

Art. 685. L'assiette et le mode de servitude de passage pour cause d'enclave sont déterminés par trente ans d'usage continu.
L'action en indemnité, dans le cas prévu par l'article 682, est prescriptible, et le passage peut être continué, quoique l'action en indemnité ne soit plus recevable.

Art. 685-1. En cas de cessation de l'enclave et quelle que soit la manière dont l'assiette et le mode de la servitude ont été déterminés, le propriétaire du fonds servant peut, à tout moment, invoquer l'extinction de la servitude si la desserte du fonds dominant est assurée dans les conditions de l'article 682. À défaut d'accord amiable, cette disparition est constatée par une décision de justice.

DES DÉLITS ET DES QUASI-DÉLITS

Art. 1382 : Tout fait quelconque de l'homme, qui cause à autrui un dommage, oblige celui par la faute duquel il est arrivé, à le réparer.

Art. 1383 : Chacun est responsable du dommage qu'il a causé non seulement de son fait, mais encore de sa négligence ou par son imprudence.

Art. 1384 : On est responsable non seulement du dommage que l'on cause par son propre fait, mais encore de celui qui est causé par le fait des personnes dont on doit répondre, ou des choses que l'on a sous sa garde.
Toutefois, celui qui détient, à un titre quelconque, tout ou partie de l'immeuble ou des biens mobiliers dans lesquels un incendie a pris naissance ne sera responsable, vis-à-vis des tiers, des dommages causés par cet incendie que s'il est prouvé qu'il doit être attribué à sa faute ou à la faute des personnes dont il est responsable.
Cette disposition ne s'applique pas aux rapports entre propriétaires et locataires, qui demeurent régis par les articles 1733 et 1734 du code civil.
Le père et la mère, en tant qu'ils exercent l'autorité parentale, sont solidairement responsables du dommage causé par leurs enfants mineurs habitant avec eux.
Les maîtres et les commettants, du dommage causé par leurs domestiques et préposés dans les fonctions auxquelles ils les ont employés ;
Les instituteurs et les artisans, du dommage causé par leurs élèves et apprentis pendant le temps qu'ils sont sous leur surveillance.
La responsabilité ci-dessus a lieu, à moins que les père et mère et les artisans ne prouvent qu'ils n'ont pu empêcher le fait qui donne lieu à cette responsabilité.

En ce qui concerne les instituteurs, les fautes, imprudences ou négligences invoquées contre eux comme ayant causé le fait dommageable, devront être prouvées, conformément au droit commun, par le demandeur, à l'instance.

Art. 1385 : Le propriétaire d'un animal, ou celui qui s'en sert, pendant qu'il est à son usage, est responsable du dommage que l'animal a causé, soit que l'animal fût sous sa garde, soit qu'il fût égaré ou échappé.

Art. 1386 : Le propriétaire d'un bâtiment est responsable du dommage causé par sa ruine, lorsqu'elle est arrivée par une suite du défaut d'entretien ou par le vice de sa construction.

DES RÈGLES COMMUNES AUX BAUX DES MAISONS ET DES BIENS RURAUX

Art. 1725 : Le bailleur n'est pas tenu de garantir le preneur du trouble que des tiers apportent par voies de fait à sa jouissance, sans prétendre d'ailleurs aucun droit sur la chose louée ; sauf au preneur à les poursuivre en son nom personnel.

Art. 1729 : Si le preneur n'use pas de la chose louée en bon père de famille ou emploie la chose louée à un autre usage que celui auquel elle a été destinée, ou dont il puisse résulter un dommage pour le bailleur, celui-ci peut, suivant les circonstances, faire résilier le bail.

CODE DE LA SANTÉ PUBLIQUE

PROTECTION DE LA SANTÉ ET ENVIRONNEMENT

Art. L. 1311-1. Sans préjudice de l'application de législations spéciales et des pouvoirs reconnus aux autorités locales, des décrets en Conseil d'État, pris après consultation du Haut Conseil de la santé publique et, le cas échéant, du Conseil supérieur de la prévention des risques professionnels, fixent les règles générales d'hygiène et toutes autres mesures propres à préserver la santé de l'homme, notamment en matière :
– de prévention des maladies transmissibles ;
– de salubrité des habitations, des agglomérations et de tous les milieux de vie de l'homme ;
– d'alimentation en eau destinée à la consommation humaine ;
– d'exercice d'activités non soumises à la législation sur les installations classées pour la protection de l'environnement ;
– d'évacuation, de traitement, d'élimination et d'utilisation des eaux usées et des déchets ;
– de lutte contre les bruits de voisinage et la pollution atmosphérique d'origine domestique ;
– de préparation, de distribution, de transport et de conservation des denrées alimentaires.

Art. L. 1311-2. Les décrets mentionnés à l'article L. 1311-1 peuvent être complétés par des arrêtés du représentant de l'État dans le département ou par des arrêtés du maire ayant pour objet d'édicter des dispositions particulières en vue d'assurer la protection de la santé publique dans le département ou la commune.

BRUITS DE VOISINAGE

Art. R. 1334-30 *(D. n° 2006-1099 du 31.8.2006)*. Les dispositions des articles R. 1334-31 à R. 1334-37 s'appliquent à tous les bruits de voisinage à l'exception de ceux qui proviennent des infrastructures de transport et des véhicules qui y circulent, des aéronefs, des activités et installations particulières de la défense nationale, des installations nucléaires de base, des installations classées pour la protection de l'environnement ainsi que des ouvrages des réseaux publics et privés de transport et de distribution de l'énergie électrique soumis à la réglementation prévue à l'article 19 de la loi du 15 juin 1906 sur les distributions d'énergie.
Lorsqu'ils proviennent de leur propre activité ou de leurs propres installations, sont également exclus les bruits perçus à l'intérieur des mines, des carrières, de leurs dépendances et des établissements mentionnés à l'article L. 231-1 du code du travail.

Art. R. 1334-31 *(D. n° 2006-1099 du 31.8.2006)*. Aucun bruit particulier ne doit, par sa durée, sa répétition ou son intensité, porter atteinte à la tranquillité du voisinage ou à la santé de l'homme, dans un lieu public ou privé, qu'une personne en soit elle-même à l'origine ou que ce soit par l'intermédiaire d'une personne, d'une chose dont elle a la garde ou d'un animal placé sous sa responsabilité.

Art. R. 1334-32 *(D. n° 2006-1099 du 31.8.2006)*. Lorsque le bruit mentionné à l'article R. 1334-31 a pour origine une activité professionnelle autre que l'une de celles mentionnées à l'article R. 1334-36 ou une activité sportive, culturelle ou de loisir, organisée de façon habituelle ou soumise à autorisation, et dont les conditions d'exercice relatives au bruit n'ont pas été fixées par les autorités compétentes, l'atteinte à la tranquillité du voisinage ou à la santé de l'homme est caractérisée si l'émergence globale de ce bruit perçu par autrui, telle que définie à l'article R. 1334-33, est supérieure aux valeurs limites fixées au même article.
Lorsque le bruit mentionné à l'alinéa précédent, perçu à l'intérieur des pièces principales de tout logement d'habitation, fenêtres ouvertes ou fermées, est engendré par des équipements d'activités professionnelles, l'atteinte est également caractérisée si l'émer-

gence spectrale de ce bruit, définie à l'article R. 1334-34, est supérieure aux valeurs limites fixées au même article[1].
Toutefois, l'émergence globale et, le cas échéant, l'émergence spectrale ne sont recherchées que lorsque le niveau de bruit ambiant mesuré, comportant le bruit particulier, est supérieur à 25 décibels A si la mesure est effectuée à l'intérieur des pièces principales d'un logement d'habitation, fenêtres ouvertes ou fermées, ou à 30 db (A) dans les autres cas.

Art. R. 1334-33 *(D. n° 2006-1099 du 31.8.2006)*. L'émergence globale dans un lieu donné est définie par la différence entre le niveau de bruit ambiant, comportant le bruit particulier en cause, et le niveau du bruit résiduel constitué par l'ensemble des bruits habituels, extérieurs et intérieurs, correspondant à l'occupation normale des locaux et au fonctionnement habituel des équipements, en l'absence du bruit particulier en cause.
Les valeurs limites de l'émergence sont de 5 décibels A en période diurne (de 7 heures à 22 heures) et de 3 db (A) en période nocturne (de 22 heures à 7 heures), valeurs auxquelles s'ajoute un terme correctif en db (A), fonction de la durée cumulée d'apparition du bruit particulier :
1° Six pour une durée inférieure ou égale à 1 minute, la durée de mesure du niveau de bruit ambiant étant étendue à 10 secondes lorsque la durée cumulée d'apparition du bruit particulier est inférieure à 10 secondes ;
2° Cinq pour une durée supérieure à 1 minute et inférieure ou égale à 5 minutes ;
3° Quatre pour une durée supérieure à 5 minutes et inférieure ou égale à 20 minutes ;
4° Trois pour une durée supérieure à 20 minutes et inférieure ou égale à 2 heures ;
5° Deux pour une durée supérieure à 2 heures et inférieure ou égale à 4 heures ;
6° Un pour une durée supérieure à 4 heures et inférieure ou égale à 8 heures ;
7° Zéro pour une durée supérieure à 8 heures.

Art. R. 1334-34 *(D. n° 2006-1099 du 31.8.2006)*. L'émergence spectrale est définie par la différence entre le niveau de bruit ambiant dans une bande d'octave normalisée, comportant le bruit particulier en cause, et le niveau de bruit résiduel dans la même bande d'octave, constitué par l'ensemble des bruits habituels, extérieurs et intérieurs, correspondant à l'occupation normale des locaux mentionnés au deuxième alinéa de l'article R. 1334-32, en l'absence du bruit particulier en cause.
Les valeurs limites de l'émergence spectrale sont de 7 db dans les bandes d'octave normalisées centrées sur 125 Hz et 250 Hz et de 5 db dans les bandes d'octave normalisées centrées sur 500 Hz, 1 000 Hz, 2 000 Hz et 4 000 Hz.

Art. R. 1334-35 *(D. n° 2006-1099 du 31.8.2006)*. Les mesures de bruit mentionnées à l'article R. 1334-32 sont effectuées selon les modalités définies par arrêté des ministres chargés de la santé, de l'écologie et du logement.

Art. R. 1334-36 *(D. n° 2006-1099 du 31.8.2006)*. Si le bruit mentionné à l'article R. 1334-31 a pour origine un chantier de travaux publics ou privés, ou des travaux intéressant les bâtiments et leurs équipements soumis à une procédure de déclaration ou d'autorisation, l'atteinte à la tranquillité du voisinage ou à la santé de l'homme est caractérisée par l'une des circonstances suivantes :
1° Le non-respect des conditions fixées par les autorités compétentes en ce qui concerne soit la réalisation des travaux, soit l'utilisation ou l'exploitation de matériels ou d'équipements ;
2° L'insuffisance de précautions appropriées pour limiter ce bruit ;
3° Un comportement anormalement bruyant.

Art. R. 1334-37 *(D. n° 2006-1099 du 31.8.2006)*. Lorsqu'elle a constaté l'inobservation des dispositions prévues aux articles R. 1334-32 à R. 1334-36, l'autorité administrative compétente peut prendre une ou plusieurs des mesures prévues au II de l'article L. 571-17 du code de l'environnement, dans les conditions déterminées aux II et III du même article.

1. Les dispositions du deuxième alinéa de l'article R. 1334-32 entrent en vigueur à compter du 1er juillet 2007.

CODE GÉNÉRAL DES COLLECTIVITÉS TERRITORIALES

POLICE MUNICIPALE

Art. L. 2212-2. La police municipale a pour objet d'assurer le bon ordre, la sûreté, la sécurité et la salubrité publiques. Elle comprend notamment :

1° Tout ce qui intéresse la sûreté et la commodité du passage dans les rues, quais, places et voies publiques, ce qui comprend le nettoiement, l'éclairage, l'enlèvement des encombrements, la démolition ou la réparation des édifices menaçant ruine, l'interdiction de rien exposer aux fenêtres ou autres parties des édifices qui puisse nuire par sa chute ou celle de rien jeter qui puisse endommager les passants ou causer des exhalaisons nuisibles ainsi que le soin de réprimer les dépôts, déversements, déjections, projections de toute matière ou objet de nature à nuire, en quelque manière que ce soit, à la sûreté ou à la commodité du passage ou à la propreté des voies susmentionnées ;

2° Le soin de réprimer les atteintes à la tranquillité publique telles que les rixes et disputes accompagnées d'ameutement dans les rues, le tumulte excité dans les lieux d'assemblée publique, les attroupements, les bruits, y compris les bruits de voisinage, les rassemblements nocturnes qui troublent le repos des habitants et tous actes de nature à compromettre la tranquillité publique ;

3° Le maintien du bon ordre dans les endroits où il se fait de grands rassemblements d'hommes, tels que les foires, marchés, réjouissances et cérémonies publiques, spectacles, jeux, cafés, églises et autres lieux publics ;

4° L'inspection sur la fidélité du débit des denrées qui se vendent au poids ou à la mesure et sur la salubrité des comestibles exposés en vue de la vente ;

5° Le soin de prévenir, par des précautions convenables, et de faire cesser, par la distribution des secours nécessaires, les accidents et les fléaux calamiteux ainsi que les pollutions de toute nature, tels que les incendies, les inondations, les ruptures de digues, les éboulements de terre ou de rochers, les avalanches ou autres accidents naturels, les maladies épidémiques ou contagieuses, les épizooties, de pourvoir d'urgence à toutes les mesures d'assistance et de secours et, s'il y a lieu, de provoquer l'intervention de l'administration supérieure ;

6° Le soin de prendre provisoirement les mesures nécessaires contre les personnes atteintes de troubles mentaux dont l'état pourrait compromettre la morale publique, la sécurité des personnes ou la conservation des propriétés ;

7° Le soin d'obvier ou de remédier aux événements fâcheux qui pourraient être occasionnés par la divagation des animaux malfaisants ou féroces ;

8° Le soin de réglementer la fermeture annuelle des boulangeries, lorsque cette fermeture est rendue nécessaire pour l'application de la législation sur les congés payés, après consultation des organisations patronales et ouvrières, de manière à assurer le ravitaillement de la population.

DISPOSITIONS APPLICABLES DANS LES COMMUNES OÙ LA POLICE EST ÉTATISÉE

Art. L. 2214-4. Le soin de réprimer les atteintes à la tranquillité publique, tel qu'il est défini au 2° de l'article L. 2212-2 et mis par cet article en règle générale à la charge du maire, incombe à l'État seul dans les communes où la police est étatisée, sauf en ce qui concerne les bruits de voisinage.

Dans ces mêmes communes, l'État a la charge du bon ordre quand il se fait occasionnellement de grands rassemblements d'hommes. Tous les autres pouvoirs de police énumérés aux articles L. 2212-2, L. 2212-3 et L. 2213-9 sont exercés par le maire y compris le maintien du bon ordre dans les foires, marchés, réjouissances et cérémonies publiques, spectacles, jeux, cafés, églises et autres lieux publics.

POUVOIRS DU REPRÉSENTANT DE L'ÉTAT DANS LE DÉPARTEMENT

Art. L. 2215-1. La police municipale est assurée par le maire, toutefois :

1° Le représentant de l'État dans le département peut prendre, pour toutes les communes du département ou plusieurs d'entre elles, et dans tous les cas où il n'y aurait pas été pourvu par les autorités municipales, toutes mesures relatives au maintien de la salubrité, de la sûreté et de la tranquillité publiques.

Ce droit ne peut être exercé par le représentant de l'État dans le département à l'égard d'une seule commune qu'après une mise en demeure au maire restée sans résultat ;

2° Si le maintien de l'ordre est menacé dans deux ou plusieurs communes limitrophes, le représentant de l'État dans le département peut se substituer, par arrêté motivé, aux maires de ces communes pour l'exercice des pouvoirs mentionnés aux 2° et 3° de l'article L. 2212-2 et à l'article L. 2213-23 ;

3° Le représentant de l'État dans le département est seul compétent pour prendre les mesures relatives à l'ordre, à la sûreté, à la sécurité et à la salubrité publiques, dont le champ d'application excède le territoire d'une commune ;

4° En cas d'urgence, lorsque l'atteinte au bon ordre, à la salubrité, à la tranquillité et à la sécurité publiques l'exige et que les moyens dont dispose le préfet ne permettent plus de poursuivre les objectifs pour lesquels il détient des pouvoirs de police, celui-ci peut, par arrêté motivé, pour toutes les communes du département ou plusieurs ou une seule d'entre elles, réquisitionner tout bien et service, requérir toute personne nécessaire au fonctionnement de ce service ou à l'usage de ce bien et prescrire toute mesure utile jusqu'à ce que l'atteinte à l'ordre public ait pris fin ou que les conditions de son maintien soient assurées.

L'arrêté motivé fixe la nature des prestations requises, la durée de la mesure de réquisition ainsi que les modalités de son application.

Le préfet peut faire exécuter d'office les mesures prescrites par l'arrêté qu'il a édicté.

La rétribution par l'État de la personne requise ne peut se cumuler avec une rétribution par une autre personne physique ou morale.

La rétribution doit uniquement compenser les frais matériels, directs et certains résultant de l'application de l'arrêté de réquisition.

Dans le cas d'une réquisition adressée à une entreprise, lorsque la prestation requise est de même nature que celles habituellement fournies à la clientèle, le montant de la rétribution est calculé d'après le prix commercial normal et licite de la prestation.

Dans les conditions prévues par le Code de justice administrative, le président du tribunal administratif ou le magistrat qu'il délègue peut, dans les quarante-huit heures de la publication ou de la notification de l'arrêté, à la demande de la personne requise, accorder une provision représentant tout ou partie de l'indemnité précitée, lorsque l'existence et la réalité de cette indemnité ne sont pas sérieusement contestables.

En cas d'inexécution volontaire par la personne requise des obligations qui lui incombent en application de l'arrêté édicté par le préfet, le président du tribunal administratif ou le magistrat qu'il délègue peut, sur demande de l'autorité requérante, prononcer une astreinte dans les conditions prévues aux articles L. 911-6 à L. 911-8 du Code de justice administrative.

Le refus d'exécuter les mesures prescrites par l'autorité requérante constitue un délit qui est puni de six mois d'emprisonnement et de 10 000 euros d'amende.

CODE DE LA ROUTE

SIGNAUX D'AVERTISSEMENT

Art. R. 313-33. Sauf dispositions différentes prévues au présent article, tout véhicule à moteur doit être muni d'un avertisseur sonore de route. Il peut être muni d'un avertisseur sonore pour l'usage urbain.

Les dispositifs sonores sont conformes à des types homologués répondant à des spécifications déterminées par le ministre chargé des transports.

Tout cycle doit être muni d'un appareil avertisseur constitué par un timbre ou un grelot dont le son peut être entendu à 50 mètres au moins. L'emploi de tout autre signal sonore est interdit.

Le fait, pour tout conducteur d'un véhicule à moteur, de contrevenir aux dispositions du présent article est puni de l'amende prévue pour les contraventions de la troisième classe.

Le fait, pour tout conducteur d'un cycle, de contrevenir aux dispositions du présent article est puni de l'amende prévue pour les contraventions de la première classe.

Art. R. 313-34. Les véhicules d'intérêt général prioritaires peuvent être équipés d'avertisseurs spéciaux en plus des avertisseurs exigés pour tout véhicule à moteur.

Les véhicules d'intérêt général bénéficiant de facilités de passage, à l'exception des engins de service hivernal, peuvent être équipés de timbres spéciaux en plus des avertisseurs exigés pour tout véhicule à moteur.

Un arrêté du ministre chargé des transports définit les caractéristiques de ces avertisseurs et timbres spéciaux.

Art. R. 313-35. Le fait de détenir, d'utiliser, d'adapter, de placer, d'appliquer ou de transporter à un titre quelconque les timbres ou avertisseurs sonores spéciaux réservés aux véhicules d'intérêt général est puni de l'amende prévue pour les contraventions de la quatrième classe.

Ces dispositifs peuvent être saisis et confisqués.

…/…

DISPOSITIF ANTIVOL

Art. R. 317-15. Tout véhicule à moteur, à l'exception des cyclomoteurs, des quadricycles légers à moteur, des véhicules et matériels agricoles ou de travaux publics, doit être muni d'un dispositif antivol.

Un arrêté du ministre de l'intérieur et du ministre chargé des transports détermine les conditions d'application du présent article.

Le fait de contrevenir aux dispositions du présent article ou à celles prises pour son application est puni de l'amende prévue pour les contraventions de la troisième classe.

Art. R. 317-16. Les dispositions de la présente section ne sont applicables aux véhicules et aux matériels spéciaux des armées que si elles sont compatibles avec leurs caractéristiques techniques de fabrication et d'emploi.

Art. R. 317-17. Le ministre chargé des transports fixe par arrêté les règles relatives aux dispositifs antivol des engins spéciaux dont la vitesse ne peut excéder par construction 25 km/h.

Le fait, pour tout conducteur d'un engin spécial, de contrevenir aux dispositions prises en application du présent article est puni de l'amende prévue pour les contraventions de la troisième classe.

…/…

ÉNERGIE, ÉMISSIONS POLLUANTES ET NUISANCES

Art. R. 318-1. Les véhicules à moteur ne doivent pas émettre de fumées, de gaz toxiques, corrosifs ou odorants, dans des conditions susceptibles d'incommoder la population ou de compromettre la santé et la sécurité publiques.

Le ministre chargé des transports, le ministre chargé de la santé et le ministre chargé de l'environnement fixent par arrêté les conditions d'application du présent article.

Le fait de contrevenir aux dispositions du présent article ou à celles prises pour son application est puni de l'amende prévue pour les contraventions de la troisième classe.

L'immobilisation peut être prescrite dans les conditions prévues aux articles L. 325-1 à L. 325-3.

.../...

Art. R. 318-3. Les véhicules à moteur ne doivent pas émettre de bruits susceptibles de causer une gêne aux usagers de la route ou aux riverains.

Le moteur doit être muni d'un dispositif d'échappement silencieux en bon état de fonctionnement sans possibilité d'interruption par le conducteur.

Toute opération tendant à supprimer ou à réduire l'efficacité du dispositif d'échappement silencieux est interdite.

Le ministre chargé des transports, le ministre chargé de la santé et le ministre chargé de l'environnement fixent par arrêté les conditions d'application du présent article.

Le fait de contrevenir aux dispositions du présent article ou à celles prises pour son application est puni de l'amende prévue pour les contraventions de la troisième classe.

L'immobilisation peut être prescrite dans les conditions prévues aux articles L. 325-1 à L. 325-3.

Art. R. 318-4. Tout véhicule à moteur doit être muni de dispositifs antiparasites radioélectriques.

Le ministre chargé des transports fixe par arrêté les conditions d'application du présent article.

Le fait de contrevenir aux dispositions du présent article ou à celles prises pour son application est puni de l'amende prévue pour les contraventions de la troisième classe.

Art. R. 318-5. Le ministre chargé des transports fixe par arrêté les règles relatives aux émissions polluantes et aux nuisances sonores des engins spéciaux dont la vitesse ne peut excéder par construction 25 km/h.

Le fait de contrevenir aux dispositions prises en application du présent article est puni de l'amende prévue pour les contraventions de la troisième classe.

L'immobilisation peut être prescrite dans les conditions prévues aux articles L. 325-1 à L. 325-3.

Art. R. 318-6. Les dispositions du présent chapitre ne sont applicables aux véhicules et aux matériels des armées que si elles sont compatibles avec leurs caractéristiques techniques de fabrication et d'emploi.

.../...

EMPLOI DES AVERTISSEURS

Art. R. 416-1. Hors agglomération, l'usage des avertisseurs sonores n'est autorisé que pour donner les avertissements nécessaires aux autres usagers de la route.

En agglomération, l'usage de l'avertisseur sonore n'est autorisé qu'en cas de danger immédiat.

Les signaux émis ne doivent pas se prolonger plus qu'il n'est nécessaire.

Le fait, pour tout conducteur, de contrevenir aux dispositions du présent article est puni de l'amende prévue pour les contraventions de la deuxième classe.

Art. R. 416-2. De nuit, les avertissements doivent être donnés par l'allumage intermittent soit des feux de croisement, soit des feux de route, les signaux sonores ne devant être utilisés qu'en cas d'absolue nécessité.

Le fait, pour tout conducteur, de contrevenir aux dispositions du présent article est puni de l'amende prévue pour les contraventions de la deuxième classe.

Art. R. 416-3. L'usage des trompes à sons multiples, des sirènes et des sifflets est interdit.

Le fait, pour tout conducteur, de contrevenir aux dispositions du présent article est puni de l'amende prévue pour les contraventions de la deuxième classe.

CODE PÉNAL

DE LA DIVAGATION D'ANIMAUX DANGEREUX

Art. R. 622-2. Le fait, par le gardien d'un animal susceptible de présenter un danger pour les personnes, de laisser divaguer cet animal est puni de l'amende prévue pour les contraventions de la 2e classe.

En cas de condamnation du propriétaire de l'animal ou si le propriétaire est inconnu, le tribunal peut décider de remettre l'animal à une œuvre de protection animale reconnue d'utilité publique ou déclarée, laquelle pourra librement en disposer.

DES BRUITS OU TAPAGES INJURIEUX OU NOCTURNES

Art. R. 623-2. Les bruits ou tapages injurieux ou nocturnes troublant la tranquillité d'autrui sont punis de l'amende prévue pour les contraventions de la 3e classe.
Les personnes coupables des contraventions prévues au présent article encourent également la peine complémentaire de confiscation de la chose qui a servi ou était destinée à commettre l'infraction.

Le fait de faciliter sciemment, par aide ou assistance, la préparation ou la consommation des contraventions prévues au présent article est puni des mêmes peines.

DE L'EXCITATION D'ANIMAUX DANGEREUX

Art. R. 623-3. Le fait, par le gardien d'un animal susceptible de présenter un danger pour les personnes, d'exciter ou de ne pas retenir cet animal lorsqu'il attaque ou poursuit un passant, alors même qu'il n'en est résulté aucun dommage, est puni de l'amende prévue pour les contraventions de la 3e classe.

En cas de condamnation du propriétaire de l'animal ou si le propriétaire est inconnu, le tribunal peut décider de remettre l'animal à une œuvre de protection animale reconnue d'utilité publique ou déclarée, laquelle pourra librement en disposer.

CODE DE L'URBANISME

DISPOSITIONS PARTICULIÈRES AUX ZONES DE BRUIT DES AÉRODROMES

Art. L. 147-1. Au voisinage des aérodromes, les conditions d'utilisation des sols exposés aux nuisances dues au bruit des aéronefs sont fixées par le présent chapitre, dont les dispositions complètent les règles générales instituées en application de l'article L. 111-1.

Les schémas de cohérence territoriale, les schémas de secteur, les plans locaux d'urbanisme, les plans de sauvegarde et de mise en valeur et les cartes communales doivent être compatibles avec ces dispositions.

Les dispositions du présent chapitre sont opposables à toute personne publique ou privée pour l'exécution de tous travaux, constructions, affouillements ou exhaussements des sols, pour la création de lotissements et l'ouverture des installations classées.

Art. L. 147-2. Les dispositions du présent chapitre sont applicables autour des aérodromes classés selon le Code de l'aviation civile en catégories A, B et C, ainsi qu'autour des aérodromes civils ou militaires figurant sur une liste établie par l'autorité administrative.

Art. L. 147-3. Pour l'application des prescriptions édictées par le présent chapitre, un plan d'exposition au bruit est établi pour chacun des aérodromes mentionnés à l'article L. 147-2. Ce plan est établi par l'autorité administrative, après consultation :

– des communes intéressées ;

– de l'Autorité de contrôle des nuisances sonores aéroportuaires pour les aérodromes visés de l'article 1609 quatervicies A du Code général des impôts, qui recueille au préalable l'avis de la commission consultative de l'environnement concernée ;

– de la commission consultative de l'environnement concernée, lorsqu'elle existe, pour les autres aérodromes.

Il est soumis à enquête publique suivant les modalités de la loi n° 83-630 du 12 juillet 1983 relative à la démocratisation des enquêtes publiques et à la protection de l'environnement.

Un décret en Conseil d'État fixe les conditions dans lesquelles il est établi et tenu à la disposition du public.

Le plan d'exposition au bruit est annexé au plan local d'urbanisme, au plan de sauvegarde et de mise en valeur et à la carte communale dont les dispositions doivent être compatibles avec les prescriptions définies à l'article L. 147-5.

Les plans d'exposition au bruit existants rendus disponibles pour l'application de la directive d'aménagement national relative à la construction dans les zones de bruit des aérodromes valent, dans l'attente de leur révision, plan d'exposition au bruit au titre de la loi n° 85-696 du 11 juillet 1985.

Cette révision intervient selon les conditions fixées par le décret en Conseil d'État prévu au troisième alinéa du présent article.

Art. L. 147-4. Le plan d'exposition au bruit, qui comprend un rapport de présentation et des documents graphiques, définit, à partir des prévisions de développement de l'activité aérienne, de l'extension prévisible des infrastructures et des procédures de circulation aérienne, des zones diversement exposées au bruit engendré par les aéronefs. Il les classe en zones de bruit fort, dites A et B, et zones de bruit modéré, dite C. Ces zones sont définies en fonction des valeurs d'indices évaluant la gêne due au bruit des aéronefs fixées par décret en Conseil d'État.

Les valeurs de ces indices pourront être modulées dans les conditions prévues à l'article L. 111-1-1 compte tenu de la situation des aérodromes au regard de leur utilisation, notamment pour la formation aéronautique, et de leur insertion dans les milieux urbanisés. La modulation de l'indice servant à la détermination de la limite extérieure de la zone C se fera à l'intérieur d'une plage de valeurs fixées par le décret prévu à l'alinéa précédent.

Art. L. 147-5 (*Loi n° 2006-872 du 13.7.2006*). Dans les zones définies par le plan d'exposition au bruit, l'extension de l'urbanisation et la création ou l'extension d'équipements publics sont interdites lorsqu'elles conduisent à exposer immédiatement ou à terme de nouvelles populations aux nuisances de bruit. À cet effet :

1° Les constructions à usage d'habitation sont interdites dans ces zones à l'exception :
– de celles qui sont nécessaires à l'activité aéronautique ou liées à celle-ci ;
– dans les zones B et C et dans les secteurs déjà urbanisés situés en zone A, des logements de fonction nécessaires aux activités industrielles ou commerciales admises dans la zone et des constructions directement liées ou nécessaires à l'activité agricole ;
– en zone C, des constructions individuelles non groupées situées dans des secteurs déjà urbanisés et desservis par des équipements publics dès lors qu'elles n'entraînent qu'un faible accroissement de la capacité d'accueil d'habitants exposés aux nuisances et des opérations de reconstruction rendues nécessaires par une opération de démolition en zone A ou B dès lors qu'elles n'entraînent pas d'accroissement de la population exposée aux nuisances, que les normes d'isolation phonique fixées par l'autorité administrative sont respectées et que le coût d'isolation est à la charge exclusive du constructeur.
2° La rénovation, la réhabilitation, l'amélioration, l'extension mesurée ou la reconstruction des constructions existantes peuvent être admises lorsqu'elles n'entraînent pas un accroissement de la capacité d'accueil d'habitants exposés aux nuisances ;
3° Dans les zones A et B, les équipements publics ou collectifs ne sont admis que lorsqu'ils sont nécessaires à l'activité aéronautique ou indispensables aux populations existantes ;
4° Les plans d'exposition au bruit peuvent délimiter une zone D à l'intérieur de laquelle les constructions sont autorisées mais doivent faire l'objet des mesures d'isolation acoustique prévues à l'article L. 147-6. La délimitation d'une zone D est obligatoire pour les aérodromes mentionnés au I de l'article 1609 quatervicies A du code général des impôts ;
5° À l'intérieur des zones C, les plans d'exposition au bruit peuvent délimiter des secteurs où, pour permettre le renouvellement urbain des quartiers ou villages existants, des opérations de réhabilitation et de réaménagement urbain peuvent être autorisées, à condition qu'elles n'entraînent pas d'augmentation de la population soumise aux nuisances sonores. Postérieurement à la publication des plans d'exposition au bruit, à la demande de la commune ou de l'établissement public de coopération intercommunale compétent en matière de plan local d'urbanisme, de tels secteurs peuvent également être délimités par arrêté préfectoral pris après enquête publique.
Le contrat de location d'immeuble à usage d'habitation ayant pour objet un bien immobilier situé dans l'une des zones de bruit définies par un plan d'exposition au bruit comporte une clause claire et lisible précisant la zone de bruit où se trouve localisé ledit bien.

Art. L. 147-6. Toutes les constructions qui seront autorisées dans les zones de bruit conformément aux dispositions de l'article L. 147-5 feront l'objet de mesures d'isolation acoustique, dans les conditions prévues par les dispositions législatives et réglementaires en matière d'urbanisme, de construction ou d'habitation.
Le certificat d'urbanisme doit signaler l'existence de la zone de bruit et l'obligation de respecter les règles d'isolation acoustique.

Art. L. 147-7. À compter de la décision d'élaborer ou de réviser un plan d'exposition au bruit, l'autorité administrative peut délimiter les territoires à l'intérieur desquels s'appliqueront par anticipation, pour une durée maximale de deux ans renouvelable une fois, les dispositions de l'article L. 147-5 concernant les zones C et D.

Art. L. 147-7-1 (*Loi n° 2006-872 du 13.7.2006*). À compter de la publication de l'acte administratif portant mise en révision d'un plan d'exposition au bruit, l'autorité administrative peut décider d'appliquer les dispositions de l'article L. 147-5 concernant la zone C, pour la durée de la procédure de révision, dans les communes et parties de communes incluses dans le périmètre d'un plan de gêne sonore institué en vertu de l'article L. 571-15 du code de l'environnement, mais non comprises dans le périmètre des zones A, B et C du plan d'exposition au bruit jusque-là en vigueur.
Les dispositions du présent article ne s'appliquent pas aux aérodromes dont le nombre de créneaux horaires attribuables fait l'objet d'une limitation réglementaire sur l'ensemble des plages horaires d'ouverture.

Art. L. 147-8. Un décret en Conseil d'État fixe, en tant que de besoin, les modalités d'application du présent chapitre.

CODE DE L'ENVIRONNEMENT

CIRCULATION DES ENGINS ET EMBARCATIONS

Art. L. 214-13. La circulation des embarcations à moteur sur un cours d'eau non domanial, ou sur une section de ce cours d'eau, peut être interdite ou réglementée par arrêté préfectoral, sur avis du service chargé de la police de ce cours d'eau, soit pour un motif de sécurité ou de salubrité, soit à la demande du riverain lorsque cette circulation entraîne un trouble grave dans la jouissance de ses droits.

.../...

PRÉVENTION DE LA POLLUTION, DES RISQUES ET DES NUISANCES

Art. L. 511-1. Sont soumis aux dispositions du présent titre les usines, ateliers, dépôts, chantiers et, d'une manière générale, les installations exploitées ou détenues par toute personne physique ou morale, publique ou privée, qui peuvent présenter des dangers ou des inconvénients soit pour la commodité du voisinage, soit pour la santé, la sécurité, la salubrité publiques, soit pour l'agriculture, soit pour la protection de la nature et de l'environnement, soit pour la conservation des sites et des monuments ainsi que des éléments du patrimoine archéologique.

Les dispositions du présent titre sont également applicables aux exploitations de carrières au sens des articles 1er et 4 du Code minier.

Art. L. 511-2. Les installations visées à l'article L. 511-1 sont définies dans la nomenclature des installations classées établie par décret en Conseil d'État, pris sur le rapport du ministre chargé des installations classées, après avis du Conseil supérieur des installations classées. Ce décret soumet les installations à autorisation ou à déclaration suivant la gravité des dangers ou des inconvénients que peut présenter leur exploitation.

Art. L. 512-1 (*Loi n° 2006-11 du 5.1.2006, art. 77 ; JO du 6.1.2006*). Sont soumises à autorisation préfectorale les installations qui présentent de graves dangers ou inconvénients pour les intérêts visés à l'article L. 511-1.

L'autorisation ne peut être accordée que si ces dangers ou inconvénients peuvent être prévenus par des mesures que spécifie l'arrêté préfectoral.

Le demandeur fournit une étude de dangers qui précise les risques auxquels l'installation peut exposer, directement ou indirectement, les intérêts visés à l'article L. 511-1 en cas d'accident, que la cause soit interne ou externe à l'installation.

Le contenu de l'étude de dangers doit être en relation avec l'importance des risques engendrés par l'installation. En tant que de besoin, cette étude donne lieu à une analyse de risques qui prend en compte la probabilité d'occurrence, la cinétique et la gravité des accidents potentiels selon une méthodologie qu'elle explicite.

Elle définit et justifie les mesures propres à réduire la probabilité et les effets de ces accidents.

La délivrance de l'autorisation, pour ces installations, peut être subordonnée notamment à leur éloignement des habitations, immeubles habituellement occupés par des tiers, établissements recevant du public, cours d'eau, voies de communication, captages d'eau, ou des zones destinées à l'habitation par des documents d'urbanisme opposables aux tiers. Elle prend en compte les capacités techniques et financières dont dispose le demandeur, à même de lui permettre de conduire son projet dans le respect des intérêts visés à l'article L. 511-1 et d'être en mesure de satisfaire aux obligations de l'article L. 512-17 lors de la cessation d'activité.

Art. L. 512-2 (*Ordonnance n° 2005-1527 du 8.12.2005, art. 28 ; JO du 9.12.2005 en vigueur le 1er juillet 2007*). L'autorisation prévue à l'article L. 512-1 est accordée par le préfet, après enquête publique relative aux incidences éventuelles du projet sur les intérêts mentionnés à l'article L. 511-1 et après avis des conseils municipaux intéressés. Une commission départementale est également consultée ; elle peut varier selon la nature des installations concernées et sa composition, fixée par décret en Conseil d'État, inclut notamment des représentants de l'État, des collectivités territoriales, des professions concernées, des associations de protection de l'environnement et des personnalités compétentes. L'autorisation est accordée par le ministre chargé des installations classées, après avis du Conseil supérieur des installations classées, dans le cas où les risques peuvent concerner plusieurs départements ou régions.

Un décret en Conseil d'État détermine les conditions d'application de l'alinéa précédent. Il fixe, en outre, les conditions dans lesquelles il doit être procédé à une consultation des conseils généraux ou régionaux et les formes de cette consultation.

Si un permis de construire a été demandé, il peut être accordé mais ne peut être exécuté avant la clôture de l'enquête publique.

Art. L. 512-3. Les conditions d'installation et d'exploitation jugées indispensables pour la protection des intérêts mentionnés à l'article L. 511-1, les moyens d'analyse et de mesure et les moyens d'intervention en cas de sinistre sont fixés par l'arrêté d'autorisation et, éventuellement, par des arrêtés complémentaires pris postérieurement à cette autorisation.

Art. L. 512-4. Pour les installations dont l'exploitation pour une durée illimitée créerait des dangers ou inconvénients inacceptables pour les intérêts visés à l'article L. 511-1, du fait d'une utilisation croissante du sol ou du sous-sol, l'autorisation doit fixer la durée maximale de l'exploitation ou de la phase d'exploitation concernée et, le cas échéant, le volume maximal de produits stockés ou extraits, ainsi que les conditions du réaménagement du site à l'issue de l'exploitation.

Un décret en Conseil d'État définit les conditions d'application de cet article, et notamment les catégories d'installations visées par celui-ci.

Art. L. 512-5. Pour la protection des intérêts mentionnés à l'article L. 511-1, le ministre chargé des installations classées peut fixer par arrêté, après consultation des ministres intéressés et du Conseil supérieur des installations classées, les règles générales et prescriptions techniques applicables aux installations soumises aux dispositions de la présente section. Ces règles et prescriptions déterminent les mesures propres à prévenir et à réduire les risques d'accident ou de pollution de toute nature susceptibles d'intervenir ainsi que les conditions d'insertion dans l'environnement de l'installation et de remise en état du site après arrêt de l'exploitation.

Ces arrêtés s'imposent de plein droit aux installations nouvelles. Ils précisent, après avis des organisations professionnelles intéressées, les délais et les conditions dans lesquels ils s'appliquent aux installations existantes. Ils fixent également les conditions dans lesquelles certaines de ces règles peuvent être adaptées aux circonstances locales par l'arrêté préfectoral d'autorisation.

Art. L. 512-6. Dans les communes comportant une aire de production de vins d'appellation d'origine, l'autorité compétente pour délivrer l'autorisation consulte l'Institut national des appellations d'origine.

Cet institut est en outre consulté, sur sa demande, lorsqu'une installation soumise à l'autorisation visée ci-dessus doit être ouverte dans une commune limitrophe d'une commune comportant une aire de production de vins d'appellation d'origine.

Il est également consulté, sur sa demande, lorsqu'une installation soumise à l'autorisation visée ci-dessus doit être ouverte dans une commune ou une commune limitrophe d'une commune comportant une aire de production d'un produit d'appellation d'origine contrôlée autre que le vin.

L'Institut national des appellations d'origine dispose d'un délai de trois mois pour donner son avis. Ce délai court à partir de la date à laquelle il a été saisi par l'autorité compétente. Cet avis est réputé favorable au-delà de ce délai.

Art. L. 512-7. En vue de protéger les intérêts visés à l'article L. 511-1, le préfet peut prescrire la réalisation des évaluations et la mise en œuvre des remèdes que rendent nécessaires soit les conséquences d'un accident ou incident survenu dans l'installation, soit les conséquences entraînées par l'inobservation des conditions imposées en application du présent titre, soit tout autre danger ou inconvénient portant ou menaçant de porter atteinte aux intérêts précités. Ces mesures sont prescrites par des arrêtés pris, sauf cas d'urgence, après avis de la commission départementale consultative compétente.

Art. L. 512-8. Sont soumises à déclaration les installations qui, ne présentant pas de graves dangers ou inconvénients pour les intérêts visés à l'article L. 511-1, doivent néanmoins respecter les prescriptions générales édictées par le préfet en vue d'assurer dans le département la protection des intérêts visés à l'article L. 511-1.

Art. L. 512-9. Les prescriptions générales prévues à l'article L. 512-8, sont édictées par arrêtés préfectoraux, pris après avis de la commission départementale consultative compétente et, pour les ateliers hors sol, de la commission départementale d'orientation de l'agriculture. Elles s'appliquent automatiquement à toute installation nouvelle ou soumise à nouvelle déclaration.

Les modifications ultérieures de ces prescriptions générales peuvent être rendues applicables aux installations existantes selon les modalités et selon les délais prévus dans l'arrêté préfectoral qui fixe également les conditions dans lesquelles les prescriptions générales peuvent être adaptées aux circonstances locales.

Les établissements soumis à déclaration sous le régime de la loi du 19 décembre 1917 et ayant obtenu, en vertu de l'article 19, alinéa 1er ou 4, de ladite loi, la suppression ou l'atténuation d'une ou plusieurs prescriptions résultant d'arrêtés préfectoraux conservent le bénéfice de ces dérogations. Il peut toutefois y être mis fin par arrêté préfectoral pris après avis de la commission départementale consultative compétente, selon les modalités et dans le délai fixés par ledit arrêté.

Art. L. 512-10. Pour la protection des intérêts mentionnés à l'article L. 511-1, le ministre chargé des installations classées peut fixer par arrêté, après consultation des ministres intéressés et du Conseil supérieur des installations classées, les prescriptions générales applicables à certaines catégories d'installations soumises à déclaration.

Ces arrêtés s'imposent de plein droit aux installations nouvelles.

Ils précisent, après avis des organisations professionnelles intéressées, les délais et les conditions dans lesquels ils s'appliquent aux installations existantes. Ils précisent également les conditions dans lesquelles ces prescriptions peuvent être adaptées par arrêté préfectoral aux circonstances locales.

Art. L. 512-11. Certaines catégories d'installations relevant de la présente section, définies par décret en Conseil d'État en fonction des risques qu'elles présentent, peuvent être soumises à des contrôles périodiques permettant à l'exploitant de s'assurer que ses installations fonctionnent dans les conditions requises par la réglementation. Ces contrôles sont effectués aux frais de l'exploitant par des organismes agréés.

Un décret en Conseil d'État précise les conditions d'application du présent article. Il fixe notamment la périodicité, les modalités de fonctionnement du système de contrôle et, en particulier, les conditions d'agrément des organismes contrôleurs et les conditions dans lesquelles les résultats peuvent être tenus à la disposition de l'administration.

Art. L. 512-12. Si les intérêts mentionnés à l'article L. 511-1 ne sont pas garantis par l'exécution des prescriptions générales contre les inconvénients inhérents à l'exploitation d'une installation soumise à déclaration, le préfet, éventuellement à la demande des tiers intéressés et après avis de la commission départementale consultative compétente, peut imposer par arrêté toutes prescriptions spéciales nécessaires.

En vue de protéger les intérêts visés à l'article L. 511-1, le préfet peut prescrire la réalisation des évaluations et la mise en œuvre des remèdes que rendent nécessaires soit les conséquences d'un accident ou incident survenu dans l'installation, soit les conséquences entraînées par l'inobservation des conditions imposées en application du présent chapitre. Ces mesures sont prescrites par des arrêtés pris, sauf cas d'urgence, après avis de la commission départementale consultative compétente.

Art. L. 512-13. Les installations qui, soumises à déclaration en vertu du présent titre, bénéficiaient d'une autorisation régulière avant la date d'entrée en vigueur de la loi du 19 décembre 1917 sont dispensées de toute déclaration ; elles sont soumises aux dispositions des articles L. 512-9 et L. 512-12.

Art. L. 512-14. Les dispositions prises en application du présent titre doivent, lorsqu'elles intéressent les déchets, prendre en compte les objectifs visés à l'article L. 541-1.

Art. L. 512-15. L'exploitant est tenu d'adresser sa demande d'autorisation ou sa déclaration en même temps que sa demande de permis de construire.

Il doit renouveler sa demande d'autorisation ou sa déclaration soit en cas de transfert, soit en cas d'extension ou de transformation de ses installations, ou de changement dans ses procédés de fabrication, entraînant des dangers ou inconvénients mentionnés à l'article L. 511-1.

Art. L. 512-16. Un décret en Conseil d'État définit les cas et conditions dans lesquels le changement d'exploitant est soumis à une autorisation préfectorale délivrée en considération des capacités techniques et financières nécessaires pour mettre en œuvre l'activité ou remettre en état le site dans le respect de la protection des intérêts visés à l'article L. 511-1.

Art. L. 512-17. Lorsque l'installation est mise à l'arrêt définitif, son exploitant place son site dans un état tel qu'il ne puisse porter atteinte aux intérêts mentionnés à l'article L. 511-1 et qu'il permette un usage futur du site déterminé conjointement avec le maire ou le président de l'établissement public de coopération intercommunale compétent en matière d'urbanisme et, s'il ne s'agit pas de l'exploitant, le propriétaire du terrain sur lequel est sise l'installation.

À défaut d'accord entre les personnes mentionnées au premier alinéa, lorsque l'installation est mise à l'arrêt définitif, son exploitant place son site dans un état tel qu'il ne puisse porter atteinte aux intérêts mentionnés à l'article L. 511-1 et qu'il permette un usage futur du site comparable à celui de la dernière période d'exploitation de l'installation mise à l'arrêt.

Toutefois, dans le cas où la réhabilitation prévue en application de l'alinéa précédent est manifestement incompatible avec l'usage futur de la zone, apprécié notamment en fonction des documents d'urbanisme en vigueur à la date à laquelle l'exploitant fait connaître à l'administration sa décision de mettre l'installation à l'arrêt définitif et de l'utilisation des terrains situés au voisinage du site, le préfet peut fixer, après avis des personnes mentionnées au premier alinéa, des prescriptions de réhabilitation plus contraignantes permettant un usage du site cohérent avec ces documents d'urbanisme.

Pour un nouveau site sur lequel les installations ont été autorisées à une date postérieure de plus de six mois à la publication de la loi n° 2003-699 du 30 juillet 2003 relative à la prévention des risques technologiques et naturels et à la réparation des dommages, l'arrêté d'autorisation détermine, après avis des personnes mentionnées au premier alinéa, l'état dans lequel devra être remis le site à son arrêt définitif.

Les modalités d'application du présent article sont définies par décret en Conseil d'État.

Art. L. 512-18. L'exploitant d'une installation classée relevant des catégories visées à l'article L. 516-1 est tenu de mettre à jour à chaque changement notable des conditions d'exploitation un état de la pollution des sols sur lesquels est sise l'installation. Cet état est transmis par l'exploitant au préfet, au maire de la commune concernée et, le cas échéant, au président de l'établissement public de coopération intercommunale compétent en matière d'urbanisme concerné ainsi qu'au propriétaire du terrain sur lequel est sise l'installation. Le dernier état réalisé est joint à toute promesse unilatérale de vente ou d'achat et à tout contrat réalisant ou constatant la vente des terrains sur lesquels est sise l'installation classée.

Les modalités d'application du présent article sont définies par décret en Conseil d'État.

Art. L. 512-19. Lorsqu'une installation n'a pas été exploitée durant trois années consécutives, le préfet peut mettre en demeure l'exploitant de procéder à la mise à l'arrêt définitif.

Art. L. 513-1. Les installations qui, après avoir été régulièrement mises en service, sont soumises, en vertu d'un décret relatif à la nomenclature des installations classées, à autorisation ou à déclaration peuvent continuer à fonctionner sans cette autorisation ou déclaration à la seule condition que l'exploitant se soit déjà fait connaître du préfet ou se fasse connaître de lui dans l'année suivant la publication du décret.

Les renseignements que l'exploitant doit transmettre au préfet ainsi que les mesures que celui-ci peut imposer afin de sauvegarder les intérêts mentionnés à l'article L. 511-1 sont précisés par décret en Conseil d'État.

Art. L. 514-1. I. - Indépendamment des poursuites pénales qui peuvent être exercées, et lorsqu'un inspecteur des installations classées ou un expert désigné par le ministre chargé des installations classées a constaté l'inobservation des conditions imposées à l'exploitant d'une installation classée, le préfet met en demeure ce dernier de satisfaire à ces conditions dans un délai déterminé. Si, à l'expiration du délai fixé pour l'exécution, l'exploitant n'a pas obtempéré à cette injonction, le préfet peut.

1° Obliger l'exploitant à consigner entre les mains d'un comptable public une somme répondant du montant des travaux à réaliser, laquelle sera restituée à l'exploitant au fur et à mesure de l'exécution des mesures prescrites ; il est procédé au recouvrement de cette somme comme en matière de créances étrangères à l'impôt et au domaine. Pour le recouvrement de cette somme, l'État bénéficie d'un privilège de même rang que celui prévu à l'article 1920 du Code général des impôts ;

2° Faire procéder d'office, aux frais de l'exploitant, à l'exécution des mesures prescrites ;

3° Suspendre par arrêté, après avis de la commission départementale consultative compétente, le fonctionnement de l'installation, jusqu'à exécution des conditions imposées et prendre les dispositions provisoires nécessaires.

II. - Les sommes consignées en application des dispositions du 1° du I peuvent être utilisées pour régler les dépenses entraînées par l'exécution d'office des mesures prévues aux 2° et 3° du I.

III. - Lorsque l'état exécutoire pris en application d'une mesure de consignation ordonnée par l'autorité administrative fait l'objet d'une opposition devant le juge administratif, le président du tribunal administratif ou le magistrat qu'il délègue, statuant en référé, peut, nonobstant cette opposition, à la demande du représentant de l'État ou de toute personne intéressée, décider que le recours n'est pas suspensif, dès lors que les moyens avancés par l'exploitant ne lui paraissent pas sérieux. Le président du tribunal statue dans les quinze jours de sa saisine.

Art. L. 514-2. Lorsqu'une installation classée est exploitée sans avoir fait l'objet de la déclaration ou de l'autorisation requise par le présent titre, le préfet met l'exploitant en demeure de régulariser sa situation dans un délai déterminé en déposant, suivant le cas, une déclaration ou une demande d'autorisation. Il peut, par arrêté motivé, suspendre l'exploitation de l'installation jusqu'au dépôt de la déclaration ou jusqu'à la décision relative à la demande d'autorisation.

Si l'exploitant ne défère pas à la mise en demeure de régulariser sa situation ou si sa demande d'autorisation est rejetée, le préfet peut, en cas de nécessité, ordonner la fermeture ou la suppression de l'installation. Si l'exploitant n'a pas obtempéré dans le délai fixé, le préfet peut faire application des procédures prévues aux 1° et 2° du I de l'article L. 514-1.

Le préfet peut faire procéder par un agent de la force publique à l'apposition des scellés sur une installation qui est maintenue en fonctionnement soit en infraction à une mesure de suppression, de fermeture ou de suspension prise en application de l'article L. 514-1, de l'article L. 514-7, ou des deux premiers alinéas du présent article, soit en dépit d'un arrêté de refus d'autorisation.

Art. L. 514-3. Pendant la durée de suspension de fonctionnement prononcée en application de l'article L. 514-1 ou de l'article L. 514-2, l'exploitant est tenu d'assurer à son personnel le paiement des salaires, indemnités et rémunérations de toute nature auxquels il avait droit jusqu'alors.

Art. L. 514-4. Lorsque l'exploitation d'une installation non comprise dans la nomenclature des installations classées présente des dangers ou des inconvénients graves pour les intérêts mentionnés à l'article L. 511-1, le préfet, après avis - sauf cas d'urgence - du maire et de la commission départementale consultative compétente, met l'exploitant en demeure de prendre les mesures nécessaires pour faire disparaître les dangers ou les inconvénients dûment constatés. Faute par l'exploitant de se conformer à cette injonction dans le délai imparti, il peut être fait application des mesures prévues à l'article L. 514-1.

Art. L. 514-5 (*Loi n° 2006-11 du 5.1.2006, art. 96 ; JO du 6.1.2006*). Les personnes chargées de l'inspection des installations classées ou d'expertises sont assermentées et astreintes au secret professionnel dans les conditions et sous les sanctions prévues aux articles 226-13 et 226-14 du code pénal et, éventuellement, aux articles 411-1 et suivants du même code.

Elles peuvent visiter à tout moment les installations soumises à leur surveillance.

Sauf contrôle inopiné, les inspecteurs des installations classées doivent informer l'exploitant quarante-huit heures avant la visite. Lors de la visite, l'exploitant peut se faire assister d'une tierce personne.

L'agent de contrôle ne peut emporter des documents qu'après établissement d'une liste contresignée par l'exploitant. La liste précise la nature des documents, leur nombre et s'il s'agit de copies ou d'originaux. Les documents originaux devront être restitués à l'éleveur dans un délai d'un mois après le contrôle.

L'exploitant est informé par l'inspecteur des installations classées des suites du contrôle. L'inspecteur des installations classées transmet son rapport de contrôle au préfet et en fait copie simultanément à l'exploitant. Celui-ci peut faire part au préfet de ses observations.

Les dispositions des trois précédents alinéas ne sont applicables qu'aux contrôles exercés en application de la présente section.

Art. L. 514-6 *(Loi n° 2006-11 du 5.1.2006, art. 15 ; JO du 6.1.2006).*

I. - Les décisions prises en application des articles L. 512-1, L. 512-3, L. 512-7, L. 512-8, L. 512-12, L. 512-13, L. 513-1 à L. 514-2, L. 514-4, L. 515-13 I et L. 516-1 sont soumises à un contentieux de pleine juridiction. Elles peuvent être déférées à la juridiction administrative :

1° Par les demandeurs ou exploitants, dans un délai de deux mois qui commence à courir du jour où lesdits actes leur ont été notifiés ;

2° Par les tiers, personnes physiques ou morales, les communes intéressées ou leurs groupements, en raison des inconvénients ou des dangers que le fonctionnement de l'installation présente pour les intérêts visés à l'article L. 511-1, dans un délai de quatre ans à compter de la publication ou de l'affichage desdits actes, ce délai étant, le cas échéant, prolongé jusqu'à la fin d'une période de deux années suivant la mise en activité de l'installation.

II. - Les dispositions du 2° du I ne sont pas applicables aux décisions concernant les autorisations d'exploitation de carrières pour lesquelles le délai de recours est fixé à six mois à compter de l'achèvement des formalités de publicité de la déclaration de début d'exploitation transmise par l'exploitant au préfet.

Elles ne sont pas non plus applicables aux décisions concernant les autorisations d'exploitation d'installations classées d'élevage, liées à l'élevage ou concourant à l'exécution de services publics locaux ou de services d'intérêt général pour lesquelles le délai de recours est fixé à un an à compter de l'achèvement des formalités de publicité de la déclaration de début d'exploitation transmise par l'exploitant au préfet.

III. - Les tiers qui n'ont acquis ou pris à bail des immeubles ou n'ont élevé des constructions dans le voisinage d'une installation classée que postérieurement à l'affichage ou à la publication de l'arrêté autorisant l'ouverture de cette installation ou atténuant les prescriptions primitives ne sont pas recevables à déférer ledit arrêté à la juridiction administrative.

IV. - Le permis de construire et l'acte de vente, à des tiers, de biens fonciers et immobiliers doivent, le cas échéant, mentionner explicitement les servitudes afférentes instituées en application de l'article L. 421-8 du Code de l'urbanisme.

Art. L. 514-7. S'il apparaît qu'une installation classée présente, pour les intérêts mentionnés à l'article L. 511-1, des dangers ou des inconvénients qui n'étaient pas connus lors de son autorisation ou de sa déclaration, le ministre chargé des installations classées peut ordonner la suspension de son exploitation pendant le délai nécessaire à la mise en œuvre des mesures propres à faire disparaître ces dangers ou inconvénients. Sauf cas d'urgence, la suspension intervient après avis des organes consultatifs compétents et après que l'exploitant a été mis à même de présenter ses observations.

Un décret en Conseil d'État, pris après avis du Conseil supérieur des installations classées, peut ordonner la fermeture ou la suppression de toute installation, figurant ou non à la nomenclature, qui présente, pour les intérêts mentionnés à l'article L. 511-1, des dangers ou inconvénients tels que les mesures prévues par le présent titre ne puissent les faire disparaître.

Art. L. 514-8. Les dépenses correspondant à l'exécution des analyses, expertises ou contrôles nécessaires pour l'application du présent titre sont à la charge de l'exploitant.

Art. L. 514-9. I. - Le fait d'exploiter une installation sans l'autorisation requise est puni d'un an d'emprisonnement et de 75 000 euros d'amende.

II. - En cas de condamnation, le tribunal peut interdire l'utilisation de l'installation. L'interdiction cesse de produire effet si une autorisation est délivrée ultérieurement dans les conditions prévues par le présent titre. L'exécution provisoire de l'interdiction peut être ordonnée.

III. - Le tribunal peut également exiger la remise en état des lieux dans un délai qu'il détermine.

IV. - Dans ce dernier cas, le tribunal peut :

1° Soit ajourner le prononcé de la peine et assortir l'injonction de remise en état des lieux d'une astreinte dont il fixe le taux et la durée maximum ; les dispositions de l'article L. 514-10 concernant l'ajournement du prononcé de la peine sont alors applicables ;

2° Soit ordonner que les travaux de remise en état des lieux seront exécutés d'office aux frais du condamné.

Art. L. 514-10. I. - En cas de condamnation à une peine de police pour infraction aux arrêtés préfectoraux ou ministériels prévus par le présent titre ou par les règlements pris pour son application, le tribunal peut prononcer l'interdiction d'utiliser l'installation, jusqu'à ce que les dispositions auxquelles il a été contrevenu aient été respectées.

II. - Le tribunal peut ajourner le prononcé de la peine, en enjoignant au prévenu de respecter ces dispositions.

Il impartit un délai pour l'exécution des prescriptions visées par l'injonction. Il peut assortir l'injonction d'une astreinte dont il fixe le taux et la durée maximum pendant laquelle celle-ci est applicable.

L'ajournement ne peut intervenir qu'une fois ; il peut être ordonné même si le prévenu ne comparaît pas en personne. L'exécution provisoire de la décision d'ajournement avec injonction peut être ordonnée.

III. - À l'audience de renvoi, lorsque les prescriptions visées par l'injonction ont été exécutées dans le délai fixé, le tribunal peut soit dispenser le prévenu de peine, soit prononcer les peines prévues.

Lorsque les prescriptions ont été exécutées avec retard, le tribunal liquide l'astreinte si une telle mesure a été ordonnée et prononce les peines prévues.

Lorsqu'il y a inexécution des prescriptions, le tribunal liquide l'astreinte si une telle mesure a été ordonnée, prononce les peines et peut en outre ordonner que l'exécution de ces prescriptions sera poursuivie d'office aux frais du condamné.

La décision sur la peine intervient dans le délai fixé par le tribunal, compte tenu du délai imparti pour l'exécution des prescriptions.

IV. - Le taux de l'astreinte, tel qu'il a été fixé par la décision d'ajournement, ne peut être modifié.

Pour la liquidation de l'astreinte, la juridiction apprécie l'inexécution ou le retard dans l'exécution des prescriptions en tenant compte, s'il y a lieu, de la survenance des événements qui ne sont pas imputables au prévenu.

L'astreinte est recouvrée par le comptable du Trésor comme une amende pénale ; elle ne donne pas lieu à contrainte judiciaire.

Art. L. 514-11. I. - Le fait d'exploiter une installation en infraction à une mesure de fermeture, de suppression ou de suspension prise en application des articles L. 514-1, L. 514-2 ou L. 514-7 ou à une mesure d'interdiction prononcée en vertu des articles L. 514-9 ou L. 514-10 ou de ne pas se conformer à l'arrêté de mise en demeure pris en application de l'article L. 512-19 est puni de deux ans d'emprisonnement et de 150 000 euros d'amende.

II. - Le fait de poursuivre l'exploitation d'une installation classée sans se conformer à l'arrêté de mise en demeure d'avoir à respecter, au terme d'un délai fixé, les prescriptions techniques déterminées en application des articles L. 512-1, L. 512-3, L. 512-5, L. 512-7, L. 512-8, L. 512-9 ou L. 512-12 est puni de six mois d'emprisonnement et de 75 000 euros d'amende.

Est puni des mêmes peines le fait de poursuivre l'exploitation d'une installation sans se conformer à un arrêté de mise en demeure pris en application de l'article L. 514-4 par le préfet sur avis du maire et de la commission départementale consultative compétente.

III. - Le fait de ne pas se conformer à l'arrêté de mise en demeure de prendre, dans un délai déterminé, les mesures de surveillance ou de remise en état d'une installation ou de son site prescrites en application des articles L. 512-3, L. 512-5, L. 512-7, L. 512-9, L. 512-12, L. 514-2, L. 514-4 ou L. 514-7 lorsque l'activité a cessé est puni de six mois d'emprisonnement et de 75 000 euros d'amende.
IV. - Le fait de ne pas se conformer aux dispositions du premier alinéa de l'article L. 516-2 est puni de six mois d'emprisonnement et de 75 000 euros d'amende.

Art. L. 514-12. Le fait de mettre obstacle à l'exercice des fonctions des personnes chargées de l'inspection ou de l'expertise des installations classées est puni d'un an d'emprisonnement et de 15 000 euros d'amende.

Art. L. 514-13. Les infractions sont constatées par les procès-verbaux des officiers de police judiciaire et des inspecteurs des installations classées. Ces procès-verbaux sont dressés en double exemplaire dont l'un est adressé au préfet et l'autre au procureur de la République. Ils font foi jusqu'à preuve contraire.

Art. L. 514-14. Le tribunal peut ordonner l'affichage ou la diffusion intégrale ou partielle de la décision prononcée dans les conditions prévues par l'article 131-35 du Code pénal.

Art. L. 514-15. Pendant la durée de l'interdiction d'utiliser l'installation prononcée en application de l'article L. 514-10, l'exploitant est tenu d'assurer à son personnel le paiement des salaires, indemnités et rémunérations de toute nature auxquels celui-ci avait droit jusqu'alors.

Art. L. 514-16. Lorsque les personnes morales de droit public interviennent, matériellement ou financièrement, pour atténuer les dommages résultant d'un incident ou d'un accident causé par une installation mentionnée à l'article L. 511-2 ou pour éviter l'aggravation de ces dommages, elles ont droit au remboursement, par les personnes responsables de l'incident ou de l'accident, des frais qu'elles ont engagés, sans préjudice de l'indemnisation des autres dommages subis. À ce titre, elles peuvent se constituer partie civile devant les juridictions pénales saisies de poursuites consécutives à l'incident ou à l'accident.
Cette action s'exerce sans préjudice des droits ouverts par l'article L. 142-2 aux associations répondant aux conditions de cet article.

Art. L. 514-17. Les pénalités prévues à la présente section sont applicables aux justiciables des juridictions militaires des forces armées conformément au Code de justice militaire, et notamment en ses articles 165 et 171.

Art. L. 514-18. I. - Les personnes morales peuvent être déclarées pénalement responsables dans les conditions prévues par l'article 121-2 du Code pénal des infractions définies aux articles L. 514-9 et L. 514-11.
II. - Les peines encourues par les personnes morales sont :
1° L'amende, suivant les modalités prévues par l'article 131-38 du Code pénal ;
2° Les peines mentionnées aux 2°, 3°, 4°, 5°, 6°, 8° et 9° de l'article 131-39 du même code.
III. - L'interdiction mentionnée au 2° de l'article 131-39 du Code pénal porte sur l'activité dans l'exercice ou à l'occasion de l'exercice de laquelle l'infraction a été commise.

Art. L. 514-19. Les autorisations sont accordées sous réserve des droits des tiers.

Art. L. 514-20. Lorsqu'une installation soumise à autorisation a été exploitée sur un terrain, le vendeur de ce terrain est tenu d'en informer par écrit l'acheteur ; il l'informe également, pour autant qu'il les connaisse, des dangers ou inconvénients importants qui résultent de l'exploitation.
Si le vendeur est l'exploitant de l'installation, il indique également par écrit à l'acheteur si son activité a entraîné la manipulation ou le stockage de substances chimiques ou radioactives. L'acte de vente atteste de l'accomplissement de cette formalité.
À défaut, l'acheteur a le choix de poursuivre la résolution de la vente ou de se faire restituer une partie du prix ; il peut aussi demander la remise en état du site aux frais du vendeur, lorsque le coût de cette remise en état ne paraît pas disproportionné par rapport au prix de vente.

Art. L. 515-1 (*D. n° 2005-1780 du 30.12.2005*). Les exploitations de carrières sont soumises à l'autorisation administrative prévue à l'article L. 512-1, à l'exception des carrières de marne, de craie et de tout matériau destiné au marnage des sols ou d'arène granitique de dimension et de rendement faibles utilisées à ciel ouvert, sans but commercial, dans le champ même des exploitants ou dans la carrière communale, soumises aux dispositions applicables aux installations relevant du régime de la déclaration figurant à la section 2 du chapitre II du présent titre. Cette exception est également applicable aux carrières de pierre, de sable et d'argile de faible importance destinées à la restauration des monuments historiques classés ou inscrits ou des immeubles figurant au plan de sauvegarde et de mise en valeur d'un secteur sauvegardé en tant qu'immeubles dont la démolition, l'enlèvement ou l'altération sont interdits, ou à la restauration de bâtiments anciens dont l'intérêt patrimonial ou architectural justifie que celle-ci soit effectuée avec leurs matériaux d'origine. La même exception est applicable aux sondages réalisés préalablement à l'ouverture ou à l'extension de carrières de pierre marbrière de dimension et de rendement faibles. Ces carrières de pierre, de sable et d'argile et ces sondages sont soumis à des contrôles périodiques, effectués aux frais de l'exploitant, par des organismes agréés visés à l'article L. 512-11.

L'autorisation administrative visée à l'alinéa précédent ne peut excéder trente ans.

Cette autorisation ne peut excéder quinze ans pour les terrains dont le défrichement est autorisé en application des articles L. 311-1 ou L. 312-1 du code forestier. Toutefois, lorsque l'exploitation de ces terrains est associée à une industrie transformatrice nécessitant des investissements lourds, la durée de l'autorisation d'exploiter peut être portée à trente ans, après avis conforme de la commission départementale compétente en matière de nature, de paysages et de sites.

L'autorisation est renouvelable dans les formes prévues à l'article L. 512-2.

Toute autorisation d'exploitation de carrières est soumise, dans les vignobles classés appellation d'origine contrôlée, vin délimité de qualité supérieure, et dans les aires de production de vins de pays, à l'avis de l'Institut national des appellations d'origine et de l'Office national interprofessionnel des fruits, des légumes, des vins et de l'horticulture.

La durée nécessaire à la réalisation des diagnostics et des opérations de fouilles d'archéologie préventive interrompt la durée de l'autorisation administrative d'exploitation de carrière.

Art. L. 515-2. Supprimé.

Art. L. 515-3 *(Loi n° 2004-1343 du 9 décembre 2004 art. 78 XXXII 4°, JO du 10 décembre 2004 en vigueur le 1er juillet 2005)*. Le schéma départemental des carrières définit les conditions générales d'implantation des carrières dans le département. Il prend en compte l'intérêt économique national, les ressources et les besoins en matériaux du département et des départements voisins, la protection des paysages, des sites et des milieux naturels sensibles, la nécessité d'une gestion équilibrée de l'espace, tout en favorisant une utilisation économe des matières premières. Il fixe les objectifs à atteindre en matière de remise en état et de réaménagement des sites.
Le schéma départemental des carrières est élaboré après consultation du document de gestion de l'espace agricole et forestier visé à l'article L. 112-1 du Code rural.
Il est approuvé, après avis du conseil général, par le préfet. Il est rendu public dans des conditions fixées par décret.
Les autorisations d'exploitation de carrières délivrées en application du présent titre doivent être compatibles avec ce schéma.
Le schéma départemental des carrières doit être compatible ou rendu compatible dans un délai de trois ans avec les dispositions du schéma directeur d'aménagement et de gestion des eaux et du schéma d'aménagement et de gestion des eaux, s'il existe.

Art. L. 515-4. Tout exploitant de carrière qui n'a pas satisfait aux obligations de remise en état d'une carrière autorisée au titre des articles L. 512-1 et L. 512-2 peut se voir refuser une nouvelle autorisation d'exploiter.

Art. L. 515-5. Les exploitations de carrières existantes à la date du décret rangeant les carrières dans la nomenclature prévue à l'article L. 511-2 doivent être mises en conformité avec les obligations de garanties financières prévues à l'article L. 516-1, dans un délai de cinq ans à compter du 14 juin 1994.

Art. L. 515-6. I. - Un décret en Conseil d'État détermine les conditions particulières d'application aux exploitations de carrières des dispositions des articles L. 512-1 et L. 512-2.

II. - Par dérogation aux dispositions de l'article L. 513-1, les carrières en situation régulière relativement aux dispositions des articles 106 (ancien), 109 et 109-1 du Code minier peuvent continuer à être exploitées dans le respect des prescriptions qui leur étaient applicables antérieurement à l'inscription des carrières à la nomenclature des installations classées.

Les prescriptions visées à l'alinéa précédent sont, à compter de l'inscription des carrières à la nomenclature des installations classées, soumises aux conditions et sanctions du présent titre et de ses textes d'application et régies par les dispositions des articles L. 512-3 et L. 512-7.

Les demandes d'autorisation et de permis ou les déclarations présentées antérieurement à l'inscription des carrières à la nomenclature des installations classées sont instruites selon les dispositions applicables au titre du Code minier. Les prescriptions imposées au terme de ces procédures sont régies par les dispositions du présent titre.

Art. L. 515-7 (*Loi n° 2006-739 du 28.6.2006*). Le stockage souterrain en couches géologiques profondes de produits dangereux, de quelque nature qu'ils soient, est soumis à autorisation administrative. Cette autorisation ne peut être accordée ou prolongée que pour une durée limitée et peut en conséquence prévoir les conditions de réversibilité du stockage. Les produits doivent être retirés à l'expiration de l'autorisation.

À l'issue d'une période de fonctionnement autorisé de vingt-cinq ans au moins, ou si l'apport de déchets a cessé depuis au moins un an, l'autorisation peut être prolongée pour une durée illimitée, sur la base d'un bilan écologique comprenant une étude d'impact et l'exposé des solutions alternatives au maintien du stockage et de leurs conséquences. Le renouvellement s'accompagne d'une nouvelle évaluation des garanties financières prévues à l'article L. 541-26 ou à l'article L. 552-1.

Pour les stockages souterrains de déchets ultimes, l'Agence de l'environnement et de la maîtrise de l'énergie peut conclure avec l'exploitant, avant l'octroi de l'autorisation visée au premier alinéa, une convention qui détermine les conditions techniques et financières de l'engagement et de la poursuite de l'exploitation, compte tenu de l'éventualité du refus de sa prolongation. Cette convention est soumise pour avis au représentant de l'État.

Les dispositions du présent article ne s'appliquent pas au stockage des déchets radioactifs.

Art. L. 515-8. I. - Lorsqu'une demande d'autorisation concerne une installation classée à implanter sur un site nouveau et susceptible de créer, par danger d'explosion ou d'émanation de produits nocifs, des risques très importants pour la santé ou la sécurité des populations voisines et pour l'environnement, des servitudes d'utilité publique peuvent être instituées concernant l'utilisation du sol ainsi que l'exécution de travaux soumis au permis de construire.

Les dispositions ci-dessus sont également applicables à raison des risques supplémentaires créés par une installation nouvelle sur un site existant ou par la modification d'une installation existante, nécessitant la délivrance d'une nouvelle autorisation.

II. - Ces servitudes comportent, en tant que de besoin :

1° La limitation ou l'interdiction du droit d'implanter des constructions ou des ouvrages et d'aménager des terrains de camping ou de stationnement de caravanes ;

2° La subordination des autorisations de construire au respect de prescriptions techniques tendant à limiter le danger d'exposition aux explosions ou concernant l'isolation des bâtiments au regard des émanations toxiques ;

3° La limitation des effectifs employés dans les installations industrielles et commerciales qui seraient créées ultérieurement.

III. - Elles tiennent compte de la nature et de l'intensité des risques encourus et peuvent, dans un même périmètre, s'appliquer de façon modulée suivant les zones concernées. Elles ne peuvent contraindre à la démolition ou à l'abandon de constructions existantes édifiées en conformité avec les dispositions législatives et réglementaires en vigueur avant l'institution desdites servitudes.

IV. - Un décret en Conseil d'État, pris après avis du Conseil supérieur des installations classées, fixe la liste des catégories, et éventuellement les seuils de capacité, des installations dans le voisinage desquelles ces servitudes peuvent être instituées.

Art. L. 515-9. L'institution de servitudes d'utilité publique est décidée à l'intérieur d'un périmètre délimité autour de l'installation soit à la requête du demandeur de l'autorisation ou du maire de la commune d'implantation, soit à l'initiative du préfet.

Un décret en Conseil d'État détermine les conditions de délimitation du périmètre, qui tiennent compte notamment des équipements de sécurité de l'installation et des caractéristiques du site.

Le projet définissant les servitudes et le périmètre est soumis à enquête publique, conformément aux dispositions des articles L. 123-1 à L. 123-16, et à l'avis des conseils municipaux des communes sur lesquelles s'étend le périmètre.

Les servitudes et leur périmètre sont arrêtés par l'autorité compétente pour la délivrance de l'autorisation de l'installation classée.

Art. L. 515-10. Les servitudes sont annexées au plan d'occupation des sols de la commune dans les conditions prévues à l'article L. 126-1 du Code de l'urbanisme.

Art. L. 515-11. Lorsque l'institution des servitudes prévues à l'article L. 515-8 entraîne un préjudice direct, matériel et certain, elle ouvre droit à une indemnité au profit des propriétaires, des titulaires de droits réels ou de leurs ayants droit.

La demande d'indemnisation doit être adressée à l'exploitant de l'installation dans un délai de trois ans à dater de la notification de la décision instituant la servitude. À défaut d'accord amiable, l'indemnité est fixée par le juge de l'expropriation.

Le préjudice est estimé à la date de la décision de première instance. Toutefois, est seul pris en considération l'usage possible des immeubles et droits immobiliers un an avant l'ouverture de l'enquête publique prévue à l'article L. 515-9. La qualification éventuelle de terrain à bâtir est appréciée conformément aux dispositions de l'article L. 13-15 du Code de l'expropriation pour cause d'utilité publique.

Le juge limite ou refuse l'indemnité si une acquisition de droits sur un terrain a, en raison de l'époque à laquelle elle a eu lieu ou de toute autre circonstance, été faite dans le but d'obtenir une indemnité.

Le paiement des indemnités est à la charge de l'exploitant de l'installation.

Art. L. 515-12. Afin de protéger les intérêts mentionnés à l'article L. 511-1, les servitudes prévues aux articles L. 515-8 à L. 515-11 peuvent être instituées sur des terrains pollués par l'exploitation d'une installation, sur l'emprise des sites de stockage de déchets ou dans une bande de 200 mètres autour de la zone d'exploitation, ou sur l'emprise des sites d'anciennes carrières ou autour de ces sites sur des surfaces dont l'intégrité conditionne le respect de la sécurité et de la salubrité publiques. Ces servitudes peuvent, en outre, comporter la limitation ou l'interdiction des modifications de l'état du sol ou du sous-sol et permettre la mise en œuvre des prescriptions relatives à la surveillance du site.

Dans le cas des installations de stockage des déchets, ces servitudes peuvent être instituées à tout moment. Elles cessent de produire effet si les déchets sont retirés de la zone de stockage.

Ces servitudes sont indemnisées dans les conditions prévues à l'article L. 515-11.

Art. L. 515-13. I. - La mise en œuvre, dans certaines catégories d'installations classées, de substances, de produits, d'organismes ou de procédés de fabrication peut, pour l'application de directives communautaires relatives à la protection de l'environnement, être subordonnée à un agrément. Un décret en Conseil d'État fixe les conditions d'application du présent alinéa, et notamment les conditions de délivrance de l'agrément, ainsi que les délais dans lesquels il est accordé ou à l'expiration desquels il est réputé accordé.

II. - Ainsi qu'il est dit à l'article 90 II de la loi de finances rectificative pour 1992 (n° 92-1476 du 31 décembre 1992), toute demande de l'agrément mentionné au I au titre de l'utilisation confinée d'organismes génétiquement modifiés est assortie d'une taxe représentative des frais d'instruction et perçue au profit du budget général de l'État. Elle est exigible lors du dépôt du dossier. Son montant est fixé à 1 525 euros par dossier. Il est réduit à 305 euros lorsque la demande d'agrément concerne une utilisation confinée autre que la première.

Le recouvrement et le contentieux de la taxe instituée au précédent alinéa sont suivis par les comptables du Trésor public selon les modalités fixées aux articles 81 à 95 du décret n° 62-1587 du 29 décembre 1962 portant règlement général sur la comptabilité publique dans leur rédaction en vigueur à la date du 13 juillet 1992.

Art. L. 515-14 (*Ordonnance n° 2005-1129 du 8.9.2005, art. 2 II ; JO du 9.9.2005*). Les décisions relatives aux installations d'élimination des déchets prises en application du présent titre doivent comporter les mesures prévues à l'article L. 516-1.

Art. L. 515-15. L'État élabore et met en œuvre des plans de prévention des risques technologiques qui ont pour objet de limiter les effets d'accidents susceptibles de survenir dans les installations figurant sur la liste prévue au IV de l'article L. 515-8 et pouvant entraîner des effets sur la salubrité, la santé et la sécurité publiques directement ou par pollution du milieu.

Ces plans délimitent un périmètre d'exposition aux risques en tenant compte de la nature et de l'intensité des risques technologiques décrits dans les études de dangers et des mesures de prévention mises en œuvre.

Art. L. 515-16. À l'intérieur du périmètre d'exposition aux risques, les plans de prévention des risques technologiques peuvent, en fonction du type de risques, de leur gravité, de leur probabilité et de leur cinétique :

I. - Délimiter les zones dans lesquelles la réalisation d'aménagements ou d'ouvrages ainsi que les constructions nouvelles et l'extension des constructions existantes sont interdites ou subordonnées au respect de prescriptions relatives à la construction, à l'utilisation ou à l'exploitation.

Dans ces zones, les communes ou les établissements publics de coopération intercommunale compétents peuvent instaurer le droit de préemption urbain dans les conditions définies à l'article L. 211-1 du Code de l'urbanisme.

II. - Délimiter, à l'intérieur des zones prévues au I, des secteurs où, en raison de l'existence de risques importants d'accident à cinétique rapide présentant un danger grave pour la vie humaine, les communes ou les établissements publics de coopération intercommunale compétents peuvent instaurer un droit de délaissement des bâtiments ou parties de bâtiments existant à la date d'approbation du plan qui s'exerce dans les conditions définies aux articles L. 230-1 et suivants du Code de l'urbanisme. Toutefois, pour la détermination du prix d'acquisition, la valeur du bien est appréciée sans tenir compte de la dépréciation supplémentaire éventuelle apportée par l'intervention de la servitude instituée en application du I. La commune ou l'établissement public de coopération intercommunale peut, par convention passée avec un établissement public, lui confier le soin de réaliser l'acquisition des biens faisant l'objet du délaissement.

III. - Délimiter, à l'intérieur des zones prévues au I, des secteurs où, en raison de l'existence de risques importants d'accident à cinétique rapide présentant un danger très grave pour la vie humaine, l'État peut déclarer d'utilité publique l'expropriation, par les communes ou les établissements publics de coopération intercommunale compétents et à leur profit, dans les conditions prévues par le Code de l'expropriation pour cause d'utilité publique, des immeubles et droits réels immobiliers lorsque les moyens de sauvegarde et de protection des populations qu'il faudrait mettre en œuvre s'avèrent impossibles ou plus coûteux que l'expropriation.

La procédure prévue par les articles L. 15-6 à L. 15-8 du Code de l'expropriation pour cause d'utilité publique est applicable lorsque la gravité des risques potentiels rend nécessaire la prise de possession immédiate.

Pour la détermination du prix d'acquisition ou du montant des indemnités, il n'est pas tenu compte de la dépréciation supplémentaire éventuelle apportée au bien par l'intervention de la servitude instituée en application du I.

IV. - Prescrire les mesures de protection des populations face aux risques encourus, relatives à l'aménagement, l'utilisation ou l'exploitation des constructions, des ouvrages, des installations et des voies de communication existant à la date d'approbation du plan, qui doivent être prises par les propriétaires, exploitants et utilisateurs dans les délais que le plan détermine. Ces mesures peuvent notamment comprendre des prescriptions relatives aux mouvements et au stationnement des véhicules de transport de matières dangereuses.

Lorsque des travaux de protection sont prescrits en application de l'alinéa précédent, ils ne peuvent porter que sur des aménagements dont le coût n'excède pas des limites fixées par le décret en Conseil d'État prévu à l'article L. 515-25.

V. - Définir des recommandations tendant à renforcer la protection des populations face aux risques encourus et relatives à l'aménagement, l'utilisation ou l'exploitation des constructions, des ouvrages, des voies de communication et des terrains de camping ou de stationnement de caravanes, pouvant être mises en œuvre par les propriétaires, exploitants et utilisateurs.

Art. L. 515-17. Les mesures visées aux II et III de l'article L. 515-16 ne peuvent être prises qu'à raison de risques créés par des installations existant à la date de publication de la loi n° 2003-699 du 30 juillet 2003 relative à la prévention des risques technologiques et naturels et à la réparation des dommages.

Art. L. 515-18. Les mesures prévues par les plans de prévention des risques technologiques, en particulier au II et au III de l'article L. 515-16, sont mises en œuvre progressivement en fonction notamment de la probabilité, de la gravité et de la cinétique des accidents potentiels ainsi que du rapport entre le coût des mesures envisagées et le gain en sécurité attendu.

Art. L. 515-19. I. - L'État, les exploitants des installations à l'origine du risque et les collectivités territoriales compétentes ou leurs groupements compétents, dès lors qu'ils perçoivent la taxe professionnelle dans le périmètre couvert par le plan, assurent le financement des mesures prises en application du II et du III de l'article L. 515-16. À cet effet, ils concluent une convention fixant leurs contributions respectives. Avant la conclusion de cette convention, le droit de délaissement mentionné au II du même article ne peut être instauré et l'expropriation mentionnée au premier alinéa du III du même article ne peut être déclarée d'utilité publique que si la gravité des risques potentiels rend nécessaire la prise de possession immédiate selon la procédure mentionnée au deuxième alinéa de ce III.

Sans préjudice des obligations mises à la charge de l'exploitant par le préfet en application des articles L. 512-1 à L. 512-5 et de l'article L. 512-7, ces conventions peuvent permettre à l'État, aux collectivités territoriales ou à leurs groupements de participer au financement par l'exploitant de mesures supplémentaires de prévention des risques permettant de réduire les secteurs mentionnés aux II et III de l'article L. 515-16 lorsque cette participation financière est inférieure aux coûts qu'ils supporteraient en raison de la mise en œuvre des mesures prévues à ces II et III.

II. - Une convention conclue entre les collectivités territoriales compétentes ou leurs groupements et les exploitants des installations à l'origine du risque, dans le délai d'un an à compter de l'approbation du plan de prévention des risques technologiques, précise les conditions d'aménagement et de gestion des terrains situés dans les zones mentionnées au I et dans les secteurs mentionnés aux II et III de l'article L. 515-16.

III. - Une convention conclue entre les collectivités territoriales compétentes ou leurs groupements, les exploitants des installations à l'origine du risque et les organismes d'habitations à loyer modéré mentionnés à l'article L. 411-2 du Code de la construction et de l'habitation bailleurs d'immeubles situés dans les secteurs mentionnés au III de l'article L. 515-6 du présent code définit, le cas échéant, un programme de relogement des occupants des immeubles situés dans ces secteurs. Cette convention peut également associer les autres bailleurs d'immeubles situés dans ces mêmes secteurs.

Art. L. 515-20. Les terrains situés dans le périmètre du plan de prévention des risques technologiques que les communes ou leurs groupements et les établissements publics mentionnés à la dernière phrase du II de l'article L. 515-16 ont acquis par préemption, délaissement ou expropriation peuvent être cédés à prix coûtant aux exploitants des installations à l'origine du risque.

L'usage de ces terrains ne doit pas aggraver l'exposition des personnes aux risques.

Art. L. 515-21. Le plan de prévention des risques technologiques mentionne les servitudes d'utilité publique instituées en application de l'article L. 515-8 autour des installations situées dans le périmètre du plan.

Art. L. 515-22. Le préfet définit les modalités de la concertation relative à l'élaboration du projet de plan de prévention des risques technologiques dans les conditions prévues à l'article L. 300-2 du Code de l'urbanisme.

Sont notamment associés à l'élaboration du plan de prévention des risques technologiques les exploitants des installations à l'origine du risque, les communes sur le territoire desquelles le plan doit s'appliquer, les établissements publics de coopération intercommunale compétents en matière d'urbanisme et dont le périmètre d'intervention est couvert en tout ou partie par le plan ainsi que le comité local d'information et de concertation créé en application de l'article L. 125-2.

Le préfet recueille leur avis sur le projet de plan, qui est ensuite soumis à enquête publique dans les conditions mentionnées aux articles L. 123-1 et suivants.

Le plan de prévention des risques technologiques est approuvé par arrêté préfectoral.

Il est révisé selon les mêmes dispositions.

Art. L. 515-23. Le plan de prévention des risques technologiques approuvé vaut servitude d'utilité publique. Il est porté à la connaissance des maires des communes situées dans le périmètre du plan en application de l'article L. 121-2 du Code de l'urbanisme. Il est annexé aux plans locaux d'urbanisme, conformément à l'article L. 126-1 du même code.

Art. L. 515-24 (*Ordonnance n° 2005-1527 du 8.12.2005, art. 34 I ; JO du 9.12.2005 en vigueur le 1er juillet 2007*).

I. - Les infractions aux prescriptions édictées en application du I de l'article L. 515-16 du présent code sont punies des peines prévues à l'article L. 480-4 du Code de l'urbanisme.

II. - Les dispositions des articles L. 461-1, L. 480-1, L. 480-2, L. 480-3 et L. 480-5 à L. 480-12 du Code de l'urbanisme sont également applicables aux infractions visées au I, sous la seule réserve des conditions suivantes :

1° Les infractions sont constatées, en outre, par les fonctionnaires et agents commissionnés à cet effet par l'autorité administrative compétente en matière d'installations classées pour la protection de l'environnement et assermentés ;

2° Le droit de visite prévu à l'article L. 461-1 dudit code est également ouvert aux représentants de l'autorité administrative compétente en matière d'installations classées pour la protection de l'environnement.

Art. L. 515-25. Un décret en Conseil d'État précise les modalités d'application des articles L. 515-15 à L. 515-24 et les délais d'élaboration et de mise en œuvre des plans de prévention des risques technologiques. Pour les installations classées relevant du ministère de la défense et les dépôts de munitions anciennes, ce décret peut, en tant que de besoin, prévoir des modalités de consultation et d'information du public adaptées aux exigences de la défense nationale ou spécifiques aux dépôts de munitions anciennes.

Art. L. 515-26. Tout exploitant d'un établissement comportant au moins une installation figurant sur la liste prévue au IV de l'article L. 515-8 du présent code ou visée à l'article 3-1 du Code minier est tenu de faire procéder à une estimation de la probabilité d'occurrence et du coût des dommages matériels potentiels aux tiers en cas d'accident survenant dans cette installation et de transmettre le rapport d'évaluation au préfet ainsi qu'au président du comité local d'information et de concertation sur les risques créé en application de l'article L. 125-2 du présent code.

Cette estimation est réalisée pour chacun des accidents majeurs identifiés dans l'étude de dangers de l'établissement réalisée au titre de la réglementation des installations classées. Elle est révisée à l'occasion des révisions de l'étude de dangers précitée.

Cette estimation n'est pas opposable à l'exploitant par les tiers en cas de litige lié à un accident survenant dans l'installation.

Un décret en Conseil d'État précise les conditions d'application du présent article.

Art. L. 516-1. La mise en activité, tant après l'autorisation initiale qu'après une autorisation de changement d'exploitant, des installations définies par décret en Conseil d'État présentant des risques importants de pollution ou d'accident, des carrières et des installations de stockage de déchets est subordonnée à la constitution de garanties financières.

Ces garanties sont destinées à assurer, suivant la nature des dangers ou inconvénients de chaque catégorie d'installations, la surveillance du site et le maintien en sécurité de l'installation, les interventions éventuelles en

cas d'accident avant ou après la fermeture, et la remise en état après fermeture. Elles ne couvrent pas les indemnisations dues par l'exploitant aux tiers qui pourraient subir un préjudice par fait de pollution ou d'accident causé par l'installation.
Un décret en Conseil d'État détermine la nature des garanties et les règles de fixation de leur montant.
Sans préjudice de la procédure d'amende administrative prévue à l'article L. 541-26, les manquements aux obligations de garanties financières donnent lieu à l'application de la procédure de consignation prévue à l'article L. 514-1, indépendamment des poursuites pénales qui peuvent être exercées.

Art. L. 516-2. Pour les installations relevant des catégories visées à l'article L. 516-1, l'exploitant est tenu d'informer le préfet en cas de modification substantielle des capacités techniques et financières visées à l'article L. 512-1.
S'il constate que les capacités techniques et financières ne sont pas susceptibles de permettre de satisfaire aux obligations de l'article L. 512-1, le préfet peut imposer la constitution ou la révision des garanties financières visées à l'article L. 516-1.

Un décret en Conseil d'État définit les modalités d'application de l'article L. 516-1 et du présent article ainsi que les conditions de leur application aux installations régulièrement mises en service ou autorisées avant la publication de la loi n° 2003-699 du 30 juillet 2003 relative à la prévention des risques technologiques et naturels et à la réparation des dommages.

Art. L. 517-1. En ce qui concerne les installations appartenant aux services et organismes dépendant de l'État qui sont inscrites sur une liste établie par décret, les pouvoirs attribués au préfet par le présent titre sont exercés soit par le ministre chargé des installations classées, soit par le ministre chargé de la défense pour les installations qui relèvent de son département.

Les dispositions des articles L. 515-8 à L. 515-11 ne sont pas applicables à celles de ces installations qui relèvent du ministre chargé de la défense.

Art. L. 517-2. Les modalités d'application du présent titre sont fixées par décrets en Conseil d'État.

.../...

LUTTE CONTRE LE BRUIT

Art. L. 571-1. Les dispositions du présent chapitre ont pour objet, dans les domaines où il n'y est pas pourvu, de prévenir, supprimer ou limiter l'émission ou la propagation sans nécessité ou par manque de précautions des bruits ou des vibrations de nature à présenter des dangers, à causer un trouble excessif aux personnes, à nuire à leur santé ou à porter atteinte à l'environnement.

Art. L. 571-2. Sans préjudice des autres dispositions législatives et réglementaires applicables, des décrets en Conseil d'État, pris après avis du Conseil national du bruit, définissent, pour les objets susceptibles de provoquer des nuisances sonores élevées ainsi que pour les dispositifs destinés à réduire les émissions sonores :
1° Les prescriptions relatives aux niveaux sonores admissibles, aux conditions d'utilisation, aux méthodes de mesure du bruit, au marquage des objets et dispositifs et aux modalités d'information du public ;
2° Les règles applicables à la fabrication, l'importation et la mise sur le marché ;
3° Les procédures d'homologation et de certification attestant leur conformité aux prescriptions relatives aux niveaux sonores admissibles ;
4° Les conditions de délivrance et de retrait par l'autorité administrative de l'agrément des organismes chargés de délivrer les homologations et certifications ;
5° Les conditions dans lesquelles l'autorité administrative peut vérifier ou faire vérifier par ces organismes, aux frais du détenteur, la conformité des objets et dispositifs aux prescriptions mentionnées au 1° du présent article.

Art. L. 571-3. Tout vendeur ou loueur professionnel d'objets ou de dispositifs de protection contre le bruit réglementés en application de l'article L. 571-2 est tenu d'en faire connaître les caractéristiques acoustiques à l'acheteur ou au preneur.

Art. L. 571-4. Tout contrat tendant à transférer la propriété ou la jouissance d'un objet ou d'un dispositif non pourvu de l'homologation ou de la certification prévues par l'article L. 571-2 ou ne satisfaisant pas aux prescriptions établies en application de cet article est nul de plein droit.

Art. L. 571-5. Les dispositions de la présente section ne sont pas applicables aux objets et dispositifs conçus pour l'accomplissement des missions de défense nationale.
Elles ne peuvent pas se substituer aux dispositions plus protectrices contenues dans les Codes de l'aviation civile, de la route ou du travail.

Art. L. 571-6. Sans préjudice des autres dispositions législatives et réglementaires applicables, les activités bruyantes, exercées dans les entreprises, les établissements, centres d'activités ou installations publiques ou privées établis à titre permanent ou temporaire, et ne figurant pas à la nomenclature des installations classées pour la protection de l'environnement, peuvent être soumises à des prescriptions générales ou, lorsqu'elles sont susceptibles, par le bruit qu'elles provoquent, de présenter les dangers ou de causer les troubles mentionnés à l'article L. 571-1, à autorisation.
Peuvent être soumises aux mêmes dispositions les activités bruyantes sportives et de plein air susceptibles de causer des nuisances sonores.
La liste des activités soumises à autorisation est définie dans une nomenclature des activités bruyantes établie par décret en Conseil d'État pris après avis du Conseil national du bruit.
Les prescriptions générales visées au premier alinéa et les prescriptions imposées aux activités soumises à autorisation précisent les mesures de prévention, d'aménagement ou d'isolation phonique applicables aux activités, les conditions d'éloignement de ces activités des habitations ainsi que les modalités selon lesquelles sont effectués les contrôles techniques.
Un décret en Conseil d'État précise les modalités d'application du présent article, notamment la procédure de délivrance de l'autorisation, les documents à fournir à l'appui de la demande d'autorisation et les modalités d'information ou de consultation du public.
La délivrance de l'autorisation visée au premier alinéa est subordonnée à la réalisation d'une étude d'impact dans les conditions fixées par les articles L. 122-1 à L. 122-3 et soumise à consultation du public dans des conditions fixées par décret.
Les délais et conditions de mise en conformité des activités existantes aux prescriptions établies en application du présent article sont fixés par décret en Conseil d'État.

Art. L. 571-7. En vue de limiter les nuisances résultant du trafic d'hélicoptères dans les zones à forte densité de population, il est interdit d'effectuer des vols d'entraînement au départ ou à destination d'aérodromes situés dans ces zones ainsi que, au-dessus des mêmes zones, des vols touristiques circulaires sans escale ou avec escale de moins d'une heure. Un décret en Conseil d'État détermine les limitations que peut fixer le ministre chargé de l'aviation civile au trafic d'hélicoptère au départ ou à destination d'aérodromes situés dans ces zones ou au-dessus de ces zones, en termes notamment de nombre de mouvements, de plages horaires, de répartition des survols dans le temps, de niveau sonore, de type d'appareils ou de procédures de décollage ou d'atterrissage.
À l'occasion des survols des agglomérations qui ne sont pas situées dans des zones à forte densité de population, les hélicoptères doivent se maintenir à une hauteur minimum au-dessus du sol.
Ces dispositions ne sont pas applicables aux transports sanitaires et aux missions urgentes de protection civile.
Un décret en Conseil d'État fixe les modalités d'application de cet article.

Art. L. 571-8. Les dispositions de l'article L. 571-6 ne sont pas applicables aux activités et installations relevant de la défense nationale, des services publics de protection civile et de lutte contre l'incendie, ainsi qu'aux aménagements et infrastructures de transports terrestres soumis aux dispositions des articles L. 571-9 et L. 571-10 du présent code et L. 111-11, L. 111-11-1 et L. 111-11-2 du Code de la construction et de l'habitation ainsi qu'aux aérodromes dont la création est soumise à arrêté ministériel.
Toutefois, les prescriptions visant à limiter les nuisances sonores imposées à ces activités et installations par l'autorité administrative dont elles relèvent sont portées à la connaissance du public.

CODE RURAL

Art. L. 211-11. I. - Si un animal est susceptible, compte tenu des modalités de sa garde, de présenter un danger pour les personnes ou les animaux domestiques, le maire ou, à défaut, le préfet peut prescrire à son propriétaire ou à son détenteur de prendre des mesures de nature à prévenir le danger. Il peut à ce titre, à la suite de l'évaluation comportementale d'un chien réalisée en application de l'article L. 211-14-1, imposer à son propriétaire ou à son détenteur de suivre la formation et d'obtenir l'attestation d'aptitude prévue au I de l'article L. 211-13-1.

En cas d'inexécution, par le propriétaire ou le gardien de l'animal, des mesures prescrites, le maire peut, par arrêté, placer l'animal dans un lieu de dépôt adapté à l'accueil et à la garde de celui-ci.

Si, à l'issue d'un délai franc de garde de huit jours ouvrés, le propriétaire ou le gardien ne présente pas toutes les garanties quant à l'application des mesures prescrites, le maire autorise le gestionnaire du lieu de dépôt, après avis d'un vétérinaire désigné par la direction des services vétérinaires, soit à faire procéder à l'euthanasie de l'animal, soit à en disposer dans les conditions prévues au II de l'article L. 211-25.

Le propriétaire ou le gardien de l'animal est invité à présenter ses observations avant la mise en œuvre des dispositions du deuxième alinéa du présent I.

II. - En cas de danger grave et immédiat pour les personnes ou les animaux domestiques, le maire ou à défaut le préfet peut ordonner par arrêté que l'animal soit placé dans un lieu de dépôt adapté à la garde de celui-ci et, le cas échéant, faire procéder à son euthanasie.

Est réputé présenter un danger grave et immédiat tout chien appartenant à une des catégories mentionnées à l'article L. 211-12, qui est détenu par une personne mentionnée à l'article L. 211-13 ou qui se trouve dans un lieu où sa présence est interdite par le I de l'article L. 211-16, ou qui circule sans être muselé et tenu en laisse dans les conditions prévues par le II du même article ou dont le propriétaire ou le détenteur n'est pas titulaire de l'attestation d'aptitude prévue au I de l'article L. 211-13-1.

L'euthanasie peut intervenir sans délai, après avis d'un vétérinaire désigné par la direction des services vétérinaires. Cet avis doit être donné au plus tard quarante-huit heures après le placement de l'animal. À défaut, l'avis est réputé favorable à l'euthanasie.

III. - Les frais afférents aux opérations de capture, de transport de garde et d'euthanasie de l'animal sont intégralement mis à la charge de son propriétaire ou de son détenteur.

Art. L. 211-12. Les types de chiens susceptibles d'être dangereux faisant l'objet des mesures spécifiques prévues par les articles L. 211-13, L. 211-13-1, L. 211-14, L. 211-15 et L. 211-16, sans préjudice des dispositions de l'article L. 211-11, sont répartis en deux catégories :

1° Première catégorie : les chiens d'attaque ;

2° Deuxième catégorie : les chiens de garde et de défense.

Un arrêté du ministre de l'intérieur et du ministre chargé de l'agriculture établit la liste des types de chiens relevant de chacune de ces catégories.

Art. L. 211-13. Ne peuvent détenir les chiens mentionnés à l'article L. 211-12 :

1° Les personnes âgées de moins de dix-huit ans ;

2° Les majeurs en tutelle à moins qu'ils n'y aient été autorisés par le juge des tutelles ;

3° Les personnes condamnées pour crime ou à une peine d'emprisonnement avec ou sans sursis pour délit inscrit au bulletin n° 2 du casier judiciaire ou, pour les ressortissants étrangers, dans un document équivalent ;

4° Les personnes auxquelles la propriété ou la garde d'un chien a été retirée en application de l'article L. 211-11. Le maire peut accorder une dérogation à l'interdiction en considération du comportement du demandeur depuis la décision de retrait, à condition que celle-ci ait été prononcée plus de dix ans avant le dépôt de la déclaration visée à l'article L. 211-14.

Art. L. 211-13-1 *(Loi n° 2008-582 du 20 juin 2008, JO 21 juin 2008)*

I. - Le propriétaire ou le détenteur d'un chien mentionné à l'article L. 211-12 est tenu d'être titulaire d'une attestation d'aptitude sanctionnant une formation portant sur

l'éducation et le comportement canins, ainsi que sur la prévention des accidents.
Les frais afférents à cette formation sont à la charge du propriétaire ou du détenteur du chien.
Un décret en Conseil d'État définit le contenu de la formation et les modalités d'obtention de l'attestation d'aptitude. Il détermine également les conditions d'agrément et de contrôle des personnes habilitées à dispenser la formation et à délivrer l'attestation d'aptitude.
II. - Le propriétaire ou le détenteur d'un chien mentionné à l'article L. 211-12 est tenu, lorsque le chien est âgé de plus de huit mois et de moins de douze mois, de le soumettre à l'évaluation comportementale prévue à l'article L. 211-14-1.
Cette évaluation peut être renouvelée dans des conditions définies par décret. Le maire peut en outre demander à tout moment une nouvelle évaluation en application de l'article L. 211-14-1

Art. L. 211-14. I. - Pour les personnes autres que celles mentionnées à l'article L. 211-13, la détention de chiens mentionnés à l'article L. 211-12 est subordonnée à la délivrance d'un permis de détention par le maire de la commune où le propriétaire ou le détenteur de l'animal réside. En cas de changement de commune de résidence, le permis doit être présenté à la mairie du nouveau domicile.
II. - La délivrance du permis de détention est subordonnée à la production :
1° De pièces justifiant :
a) De l'identification du chien dans les conditions prévues à l'article L. 212-10 ;
b) De la vaccination antirabique du chien en cours de validité ;
c) Dans les conditions définies par décret, d'une assurance garantissant la responsabilité civile du propriétaire du chien ou de la personne qui le détient pour les dommages causés aux tiers par l'animal. Les membres de la famille du propriétaire de l'animal ou de celui qui le détient sont considérés comme tiers au sens des présentes dispositions ;
d) Pour les chiens mâles et femelles de la première catégorie, de la stérilisation de l'animal ;
e) De l'obtention, par le propriétaire ou le détenteur de l'animal, de l'attestation d'aptitude mentionnée au I de l'article L. 211-13-1.
2° De l'évaluation comportementale prévue au II de l'article L. 211-13-1.
Lorsque le chien n'a pas atteint l'âge auquel cette évaluation doit être réalisée, il est délivré à son propriétaire ou son détenteur un permis provisoire dans des conditions précisées par décret.
Si les résultats de l'évaluation le justifient, le maire peut refuser la délivrance du permis de détention.
III. - Une fois le permis accordé, il doit être satisfait en permanence aux conditions prévues aux b et c du 1° du II.
IV. - En cas de constatation du défaut de permis de détention, le maire ou, à défaut, le préfet met en demeure le propriétaire ou le détenteur du chien de procéder à la régularisation dans le délai d'un mois au plus. En l'absence de régularisation dans le délai prescrit, le maire ou, à défaut, le préfet peut ordonner que l'animal soit placé dans un lieu de dépôt adapté à l'accueil ou à la garde de celui-ci et peut faire procéder sans délai et sans nouvelle mise en demeure à son euthanasie.
Les frais afférents aux opérations de capture, de transport, de garde et d'euthanasie de l'animal sont intégralement et directement mis à la charge de son propriétaire ou de son détenteur.
V. - Le présent article, ainsi que le I de l'article L. 211-13-1, ne sont pas applicables aux personnes qui détiennent un chien mentionné à l'article L. 211-12 à titre temporaire et à la demande de son propriétaire ou de son détenteur.

Art. L. 211-14-1. Une évaluation comportementale peut être demandée par le maire pour tout chien qu'il désigne en application de l'article L. 211-11. Cette évaluation est effectuée par un vétérinaire choisi sur une liste départementale.
Les frais d'évaluation sont à la charge du propriétaire du chien.
Un décret détermine les conditions d'application du présent article.

Art. L. 211-14-2. *(Loi n° 2008-582, 20.6. 2008)* Tout fait de morsure d'une personne par un chien est déclaré par son propriétaire ou son détenteur ou par tout professionnel en ayant connaissance dans l'exercice de ses fonctions à la mairie de la commune de résidence du propriétaire ou du détenteur de l'animal.

Le propriétaire ou le détenteur du chien est en outre tenu de le soumettre, pendant la période de surveillance définie en application du premier alinéa de l'article L. 223-10, à l'évaluation comportementale mentionnée à l'article L. 211-14-1, qui est communiquée au maire.
À la suite de cette évaluation, le maire ou, à défaut, le préfet peut imposer au propriétaire ou au détenteur du chien de suivre la formation et d'obtenir l'attestation d'aptitude mentionnée à l'article L. 211-13-1.
Faute pour l'intéressé de s'être soumis à ces obligations, le maire ou, à défaut, le préfet peut ordonner par arrêté que l'animal soit placé dans un lieu de dépôt adapté à la garde de celui-ci. Il peut, en cas de danger grave et immédiat et après avis d'un vétérinaire désigné par la direction des services vétérinaires, faire procéder à son euthanasie.

Art. L. 211-15. I. - L'acquisition, la cession à titre gratuit ou onéreux, hormis les cas prévus au troisième alinéa de l'article L. 211-11 ou au troisième alinéa de l'article L. 211-29, l'importation et l'introduction sur le territoire métropolitain, dans les départements d'outre-mer et dans la collectivité territoriale de Saint-Pierre-et-Miquelon des chiens de la première catégorie mentionnée à l'article L. 211-12 sont interdites.
II. - La stérilisation des chiens de la première catégorie est obligatoire. Cette stérilisation donne lieu à un certificat vétérinaire.

Art. L. 211-16. I. - L'accès des chiens de la première catégorie aux transports en commun, aux lieux publics à l'exception de la voie publique et aux locaux ouverts au public est interdit. Leur stationnement dans les parties communes des immeubles collectifs est également interdit.
II. - Sur la voie publique, dans les parties communes des immeubles collectifs, les chiens de la première et de la deuxième catégorie doivent être muselés et tenus en laisse par une personne majeure. Il en est de même pour les chiens de la deuxième catégorie dans les lieux publics, les locaux ouverts au public et les transports en commun.
III. - Un bailleur ou un copropriétaire peut saisir le maire en cas de dangerosité d'un chien résidant dans un des logements dont il est propriétaire. Le maire peut alors procéder, s'il le juge nécessaire, à l'application des mesures prévues à l'article L. 211-11.

CIRCULAIRE DU 27 FÉVRIER 1996

RELATIVE À LA LUTTE CONTRE LES BRUITS DE VOISINAGE[1]

(JO du 7 avril 1996)

Le bruit constitue, depuis plusieurs années, une préoccupation majeure des Français dans leur approche des problèmes de la vie quotidienne. De simple désagrément il est devenu un problème de santé publique. Il s'étend de plus en plus sur les périodes de repos nocturne et de fin de semaine. De nombreuses plaintes concernent les activités exercées sans précautions ou celles générées par le développement des loisirs bruyants. Les bruits liés au comportement et ceux provoqués par les animaux sont aussi en nette progression.

Le décret n° 88-523 du 5 mai 1988 pris pour l'application de l'article L. 1 du code de la santé publique et relatif aux règles propres à préserver la santé de l'homme contre les bruits de voisinage avait déjà pris en compte ces nuisances sonores et leur impact sur la santé, en limitant l'émergence des bruits de voisinage et en prévoyant des mesures acoustiques pour leur contrôle.

Les bruits à caractère aléatoire rendaient l'application de ce texte particulièrement difficile. En effet, l'obligation de procéder à des mesures acoustiques dans tous les cas, le nombre croissant des conflits issus des bruits de voisinage, la remontée des plaintes au niveau départemental, sont autant de raisons pour lesquelles il est apparu souhaitable d'alléger ce dispositif permettant de remédier aux situations sonores inacceptables.

Compte tenu de la parution de la loi n° 92-1444 du 31 décembre 1992 relative à la lutte contre le bruit, et notamment de son article 21 qui fait référence à un décret en Conseil d'État fixant les règles relatives à la lutte contre les bruits de voisinage, il est apparu opportun de modifier la réglementation issue du code de la santé publique en s'appuyant sur ces deux législations qui concernent la santé et l'environnement.

Pour des raisons pratiques de bonne lisibilité des textes, le décret n° 95-408 du 18 avril 1995 ci-joint remplace la totalité du décret du 5 mai 1988 et est intégré dans le code de la santé publique. Son champ d'application est sensiblement le même que l'ancien décret, c'est-à-dire qu'il exclut les activités qui relèvent d'une réglementation spécifique. Ainsi ne sont pas concernés les bruits liés aux infrastructures de transport terrestre, ferroviaire ou aérien et aux véhicules y circulant, aux activités et installations particulières de la défense nationale, aux installations classées pour la protection de l'environnement et aux bruits perçus à l'intérieur des mines, des carrières, de leurs dépendances et à l'intérieur des établissements mentionnés à l'article L. 231-1 du code du travail.

L'amélioration introduite par ce texte consiste donc principalement :

– à simplifier la constatation de la plupart des bruits de voisinage qui sont aléatoires, en supprimant la mesure acoustique et la notion de faute ;

– à rapprocher le contrôle du terrain en le confiant, notamment, aux agents communaux.

Les modalités d'assermentation et de commissionnement des agents de l'État et des collectivités locales sont précisées dans le décret n° 95-409 du 18 avril 1995 ci-joint pris en application de l'article 21 de la loi du 31 décembre 1992 relative à la lutte contre le bruit et relatif aux agents de l'État et des communes commissionnés et assermentés pour procéder à la recherche et à la constatation des infractions aux dispositions relatives à la lutte contre le bruit.

Cette circulaire a pour objet de faire le point sur :

1. Les moyens de prévention des bruits de voisinage : information, formation et réglementation ;

2. La répression des bruits de voisinage : caractérisation et constat des infractions.

1. Les références aux articles L. 1, L. 2 et L. 772 du code de la santé publique citées dans la présente circulaire sont respectivement remplacées par les références aux articles L. 1311-1, L. 1311-2 et L. 1422-1 du nouveau code de la santé publique publié au JO du 22 juin 2000.

1. PRÉVENTION DES BRUITS DE VOISINAGE

1.1. Information

Le nouveau dispositif réglementaire mis en place pour contrôler et sanctionner les infractions aux bruits de voisinage liés aux comportements donne aux maires les moyens de traiter beaucoup plus rapidement et à moindre coût la plupart des plaintes classiques qui leur sont adressées. C'est pourquoi je vous demande d'attirer leur attention sur ces nouvelles dispositions au moyen d'une circulaire.

Cette circulaire doit souligner l'importance que l'État attache à ce que les maires exercent pleinement leurs compétences dans ce domaine afin que ce type de plaintes ne remonte plus au niveau du département, et encore moins au niveau ministériel comme c'est actuellement le cas. Toutefois, pour tous les bruits liés à une activité, qu'elle soit professionnelle, culturelle, sportive ou de loisir, les communes qui ne disposent pas de personnel habilité et de matériel homologué peuvent faire appel à vos services pour effectuer les mesures acoustiques obligatoires.

Les services du ministère de l'environnement vont procéder à la mise à jour des plaquettes « Le Guide pratique de vos démarches » à destination du grand public et « Le Maire et le bruit » à destination des élus ; ces deux plaquettes vous seront adressées dès leur parution. Le ministère du travail et des affaires sociales a actualisé et réédité la plaquette « Les Effets du bruit sur la santé ». Elle est actuellement disponible.

Il serait également opportun de développer dans tous les départements des « pôles de compétences Bruit » à l'instar de celui mis en place en Savoie. Cette démarche contribue à favoriser l'émergence d'une nouvelle forme d'administration qui permet une action plus efficace des pouvoirs publics et une meilleure prise en compte des problèmes rencontrés par les citoyens.

1.2. Formation - Matériel

Il est indispensable que les agents qui sont amenés à contrôler les infractions à la loi Bruit suivent une formation spécifique pour remplir cette mission. Cette formation se compose de deux modules :

– le module de base comprend une formation minimale sur le bruit (les notions physiques, les effets sur la santé, l'appréciation de la gêne), d'une part, et sur la réglementation et la méthode à suivre lors d'un constat d'infraction (y compris la rédaction du procès-verbal destiné au tribunal), d'autre part ;

– le second module, venant en complément du premier, sera réservé aux agents chargés d'effectuer des mesures acoustiques. Il leur fournira les bases nécessaires à l'utilisation du matériel sonométrique, à la compréhension des résultats obtenus et à la rédaction des rapports de mesure.

Les mesures sont faites avec un sonomètre intégrateur de classe 2 au moins (norme NF EN 60-804). Le matériel utilisé doit être homologué ou approuvé et à jour de ses vérifications périodiques en application des dispositions de l'arrêté du 27 octobre 1989 relatif à la construction et au contrôle des sonomètres.

Le ministère de l'environnement subventionne depuis de nombreuses années les communes qui veulent s'équiper en matériel sonométrique. La subvention accordée est généralement comprise entre 20 et 50 %.

Le ministère du travail et des affaires sociales finance le matériel de mesure acoustique des directions départementales des affaires sanitaires et sociales et participe au financement de celui des « pôles de compétences Bruit ».

1.3. Réglementation

Pouvoir réglementaire du représentant de l'État :

Code de la santé publique (art. L. 1 et L. 2) :

Les arrêtés préfectoraux et municipaux relatifs à la lutte contre le bruit, pris en application de l'article L. 2 du code de la santé publique et complétant le décret n° 88-523 du 5 mai 1988 - remplacé par le décret n° 95-408 du 18 avril 1995 -, restent applicables sous réserve de vérifier qu'ils ne comportent aucune disposition contraire à la loi n° 92-1444 du 31 décembre 1992 relative à la lutte contre le bruit et aux articles L. 1 et L. 2 du code de la santé publique ; il convient donc de procéder à cette vérification et de viser les articles R. 48-1 à R. 48-5 du code de la santé publique à la place du décret n° 88-523 du 5 mai 1988.

Code des communes (art. L. 2215-1) :

Les pouvoirs qui appartiennent au maire en vertu des articles L. 2212-1 et L. 2212-2 ne font pas obstacle au droit du représentant de l'État dans le département de prendre, pour toutes les communes du département ou plusieurs d'entre elles, ou dans le cas où il n'y aurait pas été pourvu par les autorités municipales et après une mise en demeure de celles-ci, toutes mesures relatives au maintien de la salubrité, de la sûreté et de la tranquillité publique.

Pouvoir réglementaire du maire :
Code des communes (art. L. 2212-2 et L. 2214-4) :
La modification de ces deux articles a levé l'ambiguïté qui pouvait subsister entre les compétences des préfets et celles des maires urbains à police étatisée dans le domaine des bruits de voisinage. Tous les maires de France y compris ceux des départements de la Moselle, du Bas-Rhin et du Haut-Rhin (voir annexe § 3) peuvent désormais prendre des actes réglementaires dans ce domaine.

Code de la santé publique (art. L. 2) :

Il permet notamment aux maires de prendre des arrêtés municipaux de lutte contre le bruit.

2. RÉPRESSION DES BRUITS DE VOISINAGE

2.1. Caractérisation et poursuite des infractions

Bruits de voisinage liés au comportement et constatés sans mesure acoustique :

L'article R. 48-2 du code de la santé publique caractérise les éléments constitutifs de l'infraction. Tout bruit de voisinage lié au comportement d'une personne ou d'une chose dont elle a la garde ou d'un animal placé sous sa responsabilité pourra être constaté et sanctionné, sans qu'il soit besoin de procéder à des mesures acoustiques, dès lors que le bruit engendré est de nature à porter atteinte à la tranquillité du voisinage par l'une des caractéristiques suivantes : la durée, la répétition ou l'intensité.

Tombent également sous le coup de cette infraction et pourront donc être également poursuivies les personnes qui ont sciemment facilité la préparation ou la consommation de cette infraction.

En outre, les personnes coupables de l'infraction encourent également la peine complémentaire de confiscation de la chose qui a servi ou était destinée à commettre l'infraction. Toutefois cette mesure n'est du ressort que de l'autorité judiciaire.

Sont généralement considérés comme bruits de voisinage liés aux comportements : les bruits inutiles, désinvoltes ou agressifs pouvant provenir :

- des cris d'animaux et principalement les aboiements des chiens ;
- des appareils de diffusion du son et de la musique ;
- des outils de bricolage, de jardinage ;
- des appareils électroménagers ;
- des jeux bruyants pratiqués dans des lieux inadaptés ;
- de l'utilisation de locaux ayant subi des aménagements dégradant l'isolement acoustique ;
- des pétards et pièces d'artifice ;
- des activités occasionnelles, fêtes familiales, travaux de réparation ;
- de certains équipements fixes : ventilateurs, climatiseurs, pompes à chaleur, non liés à une activité fixée à l'article R. 48-3 du code de la santé publique, etc.

Cette liste n'est pas limitative ; son but est simplement de vous permettre de mieux cerner quel type de bruit entre dans cette catégorie.

Bruits de voisinage liés à des activités organisées professionnelles, culturelles, sportives ou de loisirs constatés avec une mesure acoustique :

L'article R. 48-3 du code de la santé publique définit la catégorie de bruit pour laquelle l'infraction doit être caractérisée par le dépassement de l'émergence prévue à l'article R. 48-4, ce qui nécessite une mesure acoustique : il s'agit des bruits provoqués par des activités, professionnelles, culturelles, sportives ou de loisirs, organisées de manière habituelle ou soumises à autorisation. Au sein de cette catégorie, les activités - en principe les plus bruyantes - sont soumises à autorisation, en application de l'article 6 de la loi relative à la lutte contre le bruit, et la constatation de l'infraction sera alors subordonnée à une double condition : le dépassement de l'émergence prévue à l'article R. 48-4 et le non-respect des conditions d'exercice fixées par l'autorité compétente.

1° Sont concernées par la seule condition de dépassement de l'émergence les activités habituelles dont le fonctionnement normal est peu bruyant ou qui ne font l'objet d'aucune prescription particulière de fonctionnement en matière de bruit telles que :

– les activités du secteur tertiaire ;
– les manifestations culturelles et de loisirs, concerts, cinémas, théâtres, expositions ;
– les compétitions sportives pédestres, à vélo, à voile ;
– les petits commerces et les ateliers artisanaux ou industriels utilisant du matériel normalement peu bruyant, etc.

2° Sont concernées par la double condition de dépassement de l'émergence et de non-respect de règles les activités professionnelles, culturelles sportives ou de loisirs bruyantes soumises à des conditions d'exercice fixées par les autorités compétentes. Des décrets et arrêtés spécifiques pris en application de l'article 6 de la loi relative à la lutte contre le bruit sont en cours de préparation et concerneront :

– les lieux diffusant de la musique ;
– les compétitions de sports mécaniques ;
– les sports et loisirs de plein air ;
– les chantiers ;
– les activités artisanales, industrielles ou commerciales non classées ;
– les activités incluses dans les arrêtés des maires ou des préfets pris en application des articles L. 2212-2 et L. 2214-4 du code des communes ou de l'article L. 2 du code de la santé publique sont aussi soumises à cette condition.

Ces listes vous sont données à titre indicatif et ne sont pas limitatives.

3° Calcul et modalité de la mesure de l'émergence :

L'article R. 48-4 du code de la santé publique définit les valeurs admises de l'émergence. Ces valeurs sont identiques à celles qui faisaient l'objet de l'article 3 du décret n° 88-523 du 5 mai 1988 (pour le tableau, voir rectificatif du journal officiel du 20 mai).

Les modalités de la mesure sont définies par l'arrêté du 10 mai 1995 relatif aux modalités de mesure des bruits de voisinage, remplaçant l'arrêté du 5 mai 1988.

4° Cas particulier des chantiers :

L'article R. 48-5 du code de la santé publique reprend sensiblement les dispositions de l'article 4 du décret n° 88-523 du 5 mai 1988 applicables aux chantiers en attendant la parution d'un décret spécifique « chantiers » en application des dispositions de l'article 6 de la loi n° 92-1444 du 31 décembre 1992 relative à la lutte contre le bruit. Ce texte devrait paraître dans le courant de l'année 1996.

2.2. Constatation des infractions

Par les agents de l'État :

Compétences traditionnelles :

Outre les officiers et agents de police judiciaire, qui interviennent conformément aux dispositions du code de procédure pénale, les inspecteurs de salubrité mentionnés à l'article L. 48 du code de la santé publique assermentés selon les dispositions du décret n° 65-158 du 23 février 1965 (qui n'ont donc pas à être de nouveau assermentés) et commissionnés par le préfet, sont également habilités à constater les infractions aux dispositions de la loi relative à la lutte contre le bruit et des textes pris pour son application.

Compétences nouvelles de certains agents :

L'article 21 de la loi relative à la lutte contre le bruit a donné à un certain nombre d'agents de l'État le pouvoir de procéder à la recherche et à la constatation des infractions aux dispositions de ladite loi et des textes pris pour son application. Il s'agit des agents de l'environnement, l'agriculture, l'industrie, l'équipement, les transports et de la jeunesse et des sports. Vous trouverez la liste complète dans l'annexe réglementaire.

Par les agents des collectivités locales :

Compétences traditionnelles de certains agents :

Les inspecteurs de salubrité des services communaux d'hygiène et de santé relevant de l'article L. 772, troisième alinéa, du code de la santé publique sont habilités à procéder, au nom de l'État, aux contrôles et à la constatation des infractions au titre de l'article L. 48 du code de la santé publique. Ces agents assermentés selon les dispositions du décret n° 65-158 du 23 février 1965 n'ont pas à être de nouveau assermentés. Ils sont également habilités à constater les infractions aux dispositions de la loi relative à la lutte contre le bruit et des textes pris pour son application.

Les gardes champêtres sont, quant à eux, chargés de rechercher les contraventions aux arrêtés de police municipale et dressent procès-verbal.

Compétences nouvelles de certains agents :

L'article 21 de la loi relative à la lutte contre le bruit donne aux agents des collectivités locales nommés par le maire, agréés par le procureur de la République et assermentés dans les conditions du décret n° 95409 du 18 avril 1995, le pouvoir de rechercher et constater, par procès-verbaux, les infractions aux dispositions du décret bruits de voisinage.

Ces procès-verbaux font foi jusqu'à preuve du contraire et doivent, sous peine de nullité, être adressés dans les cinq jours suivant leur clôture au procureur de la République. Une copie en est également remise dans les mêmes délais à l'intéressé.

L'article 21-II de la loi relative à la lutte contre le bruit fixe les modalités d'intervention de ces agents. Pour « rechercher et constater les infractions, ils ont accès aux locaux, aux installations et lieux où sont réalisées les opérations à l'origine des infractions, à l'exclusion des domiciles ou de la partie des locaux qui sert de domicile ; ils peuvent demander la communication de tout document professionnel, en prendre copie et recueillir sur convocation ou sur place les renseignements et justifications propres à l'accomplissement de leur mission. Les propriétaires et exploitants sont tenus de leur livrer passage.

« Le procureur de la République est préalablement informé des opérations envisagées en vue de la recherche des infractions » suivant les modalités fixées dans chaque ressort par ce magistrat. Il convient donc de l'interroger sur la manière dont il souhaite être saisi. « Il peut s'opposer à ces opérations. »

Il convient donc d'appeler l'attention des maires sur l'intérêt pour eux de faire constater les infractions relatives aux bruits de voisinage sur la base de ce texte qui, outre la compétence répressive donnée aux agents qu'ils auront nommés, prévoit des contraventions de 3° classe beaucoup plus dissuasives que celles de la classe prévues pour les infractions aux arrêtés municipaux de police pris sur la base de code des communes.

Toutefois le non-respect de ces arrêtés peut caractériser l'élément intentionnel de l'infraction prévu à l'article R. 48-2 du code de la santé publique ou être un élément constitutif de l'infraction prévue à l'article R. 48-3 du même code, mais le procès-verbal doit expressément faire référence à la loi bruit pour rester dans les contraventions de 3° classe.

ARRÊTÉ DU 27 AVRIL 1999 PRIS POUR L'APPLICATION DE L'ARTICLE 211-1 DU CODE RURAL ET ÉTABLISSANT LA LISTE DES TYPES DE CHIENS SUSCEPTIBLES D'ÊTRE DANGEREUX, FAISANT L'OBJET DES MESURES PRÉVUES AUX ARTICLES 211-1 À 211-5 DU MÊME CODE

Art. 1er. Relèvent de la 1re catégorie de chiens telle que définie à l'article 211-1 du Code rural :

– les chiens assimilables par leurs caractéristiques morphologiques aux chiens de race Staffordshire terrier, sans être inscrits à un livre généalogique reconnu par le ministre de l'agriculture et de la pêche ;

– les chiens assimilables par leurs caractéristiques morphologiques aux chiens de race American Staffordshire terrier, sans être inscrits à un livre généalogique reconnu par le ministre de l'agriculture et de la pêche.

Ces deux types de chiens peuvent être communément appelés « pit-bulls » ;

– les chiens assimilables par leurs caractéristiques morphologiques aux chiens de race Mastiff, sans être inscrits à un livre généalogique reconnu par le ministre de l'agriculture et de la pêche. Ces chiens peuvent être communément appelés « boerbulls » ;

– les chiens assimilables par leurs caractéristiques morphologiques aux chiens de race Tosa, sans être inscrits à un livre généalogique reconnu par le ministre de l'agriculture et de la pêche.

Art. 2. Relèvent de la 2e catégorie des chiens telle que définie à l'article 211-1 du Code rural :

– les chiens de race Staffordshire terrier ;

– les chiens de race American Staffordshire terrier ;

– les chiens de race Rottweiler ;

– les chiens de race Tosa ;

– les chiens assimilables par leurs caractéristiques morphologiques aux chiens de race Rottweiler, sans être inscrits à un livre généalogique reconnu par le ministre de l'agriculture et de la pêche.

Art. 3. Les éléments de reconnaissance des chiens de la 1re et de la 2e catégorie mentionnés aux articles 1er et 2 figurent en annexe au présent arrêté.

Art. 4. Le directeur des libertés publiques et des affaires juridiques, la directrice générale de l'alimentation et les préfets sont chargés, chacun en ce qui le concerne, de l'exécution du présent arrêté, qui sera publié au Journal officiel de la République française.

ANNEXE

Les chiens visés dans le présent arrêté, que ce soit pour la 1re ou la 2e catégorie, sont des molosses de type dogue, définis par un corps massif et épais, une forte ossature et un cou épais.

Les deux éléments essentiels sont la poitrine et la tête. La poitrine est puissante, large, cylindrique avec les côtes arquées. La tête est large et massive, avec un crâne et un museau de forme plus ou moins cubique. Le museau est relié au crâne par une dépression plus ou moins marquée appelée le stop.

Les chiens communément appelés « pit-bulls » qui appartiennent à la 1re catégorie présentent une large ressemblance avec la description suivante :

– petit dogue de couleur variable ayant un périmètre thoracique mesurant environ entre 60 cm (ce qui correspond à un poids d'environ 18 kg) et 80 cm (ce qui correspond à un poids d'environ 40 kg). La hauteur au garrot peut aller de 35 à 50 cm ;

– chien musclé à poil court ;

– apparence puissante ;

– avant massif avec un arrière comparativement léger ;

– le stop n'est pas très marqué, le museau mesure environ la même longueur que le crâne tout en étant moins large, et la truffe est en avant du menton ;

– les mâchoires sont fortes, avec les muscles des joues bombés.

Les chiens communément appelés « boerbulls » qui appartiennent à la 1re catégorie présentent une large ressemblance avec la description suivante :
– dogue généralement de couleur fauve à poil court, grand et musclé, pourvu d'un corps haut, massif et long ;
– la tête est large, avec un crâne large et un museau plutôt court ;
– les babines sont pendantes, le museau et la truffe peuvent être noirs ;
– le cou est large avec des plis cutanés représentant le fanon ;
– le périmètre thoracique est supérieur à 80 cm (ce qui correspond à un poids supérieur à 40 kg). La hauteur au garrot est d'environ 50 à 70 cm ;
– le corps est assez épais et cylindrique ;
– le ventre a un volume proche de celui de la poitrine.

Les chiens qui appartiennent à la 1re catégorie pouvant être rapprochés morphologiquement des chiens de race Tosa présentent une large ressemblance avec la description suivante :
– dogue à poil court et de couleur variable, généralement fauve, bringée ou noire, de grande taille et de constitution robuste ;
– le périmètre thoracique est supérieur à 80 cm (ce qui correspond à un poids supérieur à 40 kg). La hauteur est d'environ 60 à 65 cm ;
– la tête est composée d'un crâne large, d'un stop marqué, avec un museau moyen ;
– les mâchoires inférieure et supérieure sont fortes ;
– le cou est musclé, avec du fanon ;
– la poitrine est large et haute ;
– le ventre est bien remonté ;
– la queue est épaisse à la base.

Les chiens qui appartiennent à la 2e catégorie pouvant être rapprochés morphologiquement des chiens de race Rottweiler présentent une large ressemblance avec la description suivante :
– dogue à poil court, à robe noir et feu ; chien trapu un peu long avec un corps cylindrique et un périmètre thoracique supérieur à 70 cm (ce qui correspond à un poids supérieur à 30 kg). La hauteur au garrot est d'environ 60 à 65 cm ;
– le crâne est large, avec un front bombé et des joues musclées ;
– le museau est moyen, à fortes mâchoires ;
– le stop est très accentué ;
– la truffe est à hauteur du menton.

Pour ce qui concerne les chiens qui appartiennent à la 2e catégorie et qui sont des chiens de race :
– ils répondent aux standards des races concernées, établis par la Société centrale canine ;
– leur appartenance à la race considérée est attestée par une déclaration de naissance ou par un pedigree. Ces documents sont délivrés par la Société centrale canine lorsque le chien est inscrit sur le livre généalogique de la race concernée.

Index alphabétique

C

D

E

F

INDEX

Achevé d'imprimer
en janvier 2009
par L.E.G.O. S.p.A.
Lavis (TN), Italie